空头大师

百年来全球股市猎杀者

SHORT MASTER

胡冰 ◎ 著

浙江人民出版社

图书在版编目（CIP）数据

空头大师：百年来全球股市猎杀者 / 胡冰著 . —杭
州：浙江人民出版社，2021.10
ISBN 978-7-213-10198-4

Ⅰ. ①空…　Ⅱ. ①胡…　Ⅲ. ①股票市场－研究
Ⅳ. ① F830.91

中国版本图书馆 CIP 数据核字（2021）第 127604 号

空头大师：百年来全球股市猎杀者

胡　冰　著

出版发行：浙江人民出版社（杭州市体育场路347号　邮编　310006）
　　　　　市场部电话：（0571）85061682　85176516
责任编辑：尚　婧
特约编辑：魏　力
营销编辑：陈雯怡　赵　娜　陈芊如
责任校对：姚建国
责任印务：刘彭年
封面设计：异一设计
电脑制版：北京弘文励志文化传播有限公司
印　　刷：杭州丰源印刷有限公司
开　　本：710毫米×1000毫米　1/16　　印　　张：17.5
字　　数：220千字　　　　　　　　　　插　　页：1
版　　次：2021年10月第1版　　　　　印　　次：2021年10月第1次印刷
书　　号：ISBN 978-7-213-10198-4
定　　价：68.00元

如发现印装质量问题，影响阅读，请与市场部联系调换。

PREFACE | 序 言

1792 年 5 月，24 位证券交易商在华尔街 68 号门口的一棵梧桐树下签订了一个协议，股票交易从此登上了人类财富的舞台。

从那时起，股市有过牛市，也有过熊市；市场上，有看涨的多头，也有看跌的空头。200 多年来，全球资本市场上演了无数起牛熊大搏斗，也涌现出很多位多头大师与空头大师，国内股民熟知的"股神"巴菲特与"空神"索罗斯，就是其中杰出的代表。

人们多推崇巴菲特，认为好的东西终归会物有所值，只要持有时间够长，最终会在股票价值回归中获得投资收益。这固然是一条可行的投资之道，但能够有这样的慧眼、耐心与充裕资金支持长期持有的投资者毕竟是少数。

事实上，在全球资本市场中，巴菲特只有一个，奉行其价值投资理论的也多是养老基金这样的长期投资机构。那些在证券市场功成名就的投资者中，多数人从来都不是一味做多或做空，而是因时制宜，灵活使用多空策略。

纵观证券市场发展史，从致富速度与财富效应来说，像索罗斯这样的空头往往更引人注目。历史上，那些资源贫乏、白手起家，希望凭智慧与胆识从证券交易中淘金的年轻人，更多的都是选择以小博大，加杠杆做空。

从严格意义上讲，做空比做多要困难得多。大多数时候，做空者总是与市场大众作对，面对着世人的不解，背负着巨大的资金压力，更不要说，能在市场狂欢时看到见顶征兆，能在股价狂飙时发现公司危机。因此，做空不仅是技术活，更是心理战，不仅要有洞察危机的睿智，更要有"舍得一身剐，敢把皇帝拉下马"的勇气。

现代证券史上，最受推崇的空头大师当属美国的杰西·利弗莫尔。这是一个文化水平不高、从美国偏远乡村到大都市淘金的少年，靠一身胆气在证券市场摸爬滚打几十年，成为当时的交易王者。在1929年那场世纪股灾中，他先人一步发现市场危机，提前布局加杠杆做空，在9天内赚得1亿美元，一举成为当时美国最富有的10个人之一。这样的胆识和睿智，即使在近100年之后，依然令人望尘莫及。

而出身于单亲家庭的迈克尔·斯坦哈特，可谓资本市场上的常青树，被《福布斯》杂志称为"饱经风霜的空头"。这个真正白手起家的犹太青年，儿时父母即离异，以文科生的背景投身华尔街，很快就成为荐股红人，在20世纪70年代靠做空美国"漂亮50"赚得第一桶金。他说："多年以来，最困难的事情就是鼓起勇气去挑战时下的主流思想，去形成跟主流观点不同的观点，然后去赌这个观点。"

罗杰斯与索罗斯，则是华尔街上的绝代双骄。他们一个来自美国小镇，一个是东欧移民，两人携手在美国股市上淘得第一桶金，从而声名鹊起。20世纪90年代，罗杰斯曾成功预言日本股市崩盘，他坚信"历史总是重复，不要相信例外"；索罗斯更是善于发现市场重大漏洞，因成功狙击英镑而一夜暴富，被称为"打败英格兰银行的人"。

约翰·邓普顿，作为20世纪最成功的基金经理，同样出身于贫寒家庭。他的一段交易名言股民皆知："行情总在绝望中诞生，在半信半疑中成长，在憧憬中成熟，在希望中毁灭。"

这段话蕴含了多种操作策略：抄底、持有、卖出。事实上，邓普顿绝不是一味做多。退休之后，邓普顿曾在 2000 年成功做空纳斯达克，不到一个月大赚 8000 万美元。当然，这位大师有明确的做空原则，那就是一定要严格止损止盈。

当代最成功的做空案例，则是约翰·保尔森做空美国次贷。这次交易被称为"史上最伟大的交易"，可以媲美利弗莫尔当年的那次操作。

2008 年次贷危机，不仅让华尔街百年投行雷曼兄弟破产，更让许多美国人变得一无所有，很多人甚至失去自己的房屋。但极少数像保尔森这样嗅觉敏锐的空头，早早发现次贷危机的苗头，提前布局，加杠杆做空 CDS（信用违约互换）这样一本万利的标的，并在没有出现重大变局时咬牙坚持到底，最终成为这次危机中的最大赢家，在两年内大赚近 200 亿美元。而次贷危机前，保尔森不过是华尔街一只毫不起眼的小基金的基金经理，默默无闻，就连募集做空本金还要东访西拜，到处求人。

最为中国人熟悉的国际做空者，则首推中概股杀手卡森·布洛克。这个曾在上海滩闯荡多年的美国青年，近些年做空了多家在海外上市的中国公司，最近的一家是瑞幸咖啡，这家曾经的明星企业已经因业务造假而被迫从纳斯达克退市。

除了股市，全球还有农产品、金属、石油、国债、外汇等多种期货交易。在这些交易领域中，做空更是一种常规操作，功成名就的空头大师也是数不胜数。

本书特地选择了成功做空"不凋花"基金的约翰·阿诺德，这是一位罕见的天然气交易天才。他的交易伙伴及对手曾这样描述："用'传奇'这个词形容他的职业生涯再合适不过了。在这个行业里，有竞争者和伪装者，而他无疑是竞争者。""我认为他的交易风格和所处的市场环境确实具有传奇性，在那种波动下他能够一直赚钱。成功从未冲昏他的头脑。"

"大江东去，浪淘尽，千古风流人物。"

自从"梧桐树协议"签订以来，证券市场上便牛熊争斗不止。特别是金融成为现代经济核心后，证券市场更是全球各路资本激烈角逐的战场。进入互联网时代，全球各大市场更是此休彼启，实现24小时连续交易，可谓"金钱永不眠"。

相对于现实经营中错综复杂的因素，资本市场规则透明，非常注重公开、公平、公正。这里面，固然有大资本操纵市场的隐忧，更多的还是靠个人的智慧、胆识与心性。相对而言，证券市场是财富再分配的最佳场所，全球无数人在这里日夜淘金。

对于那些想在这些淘金大战中提高胜率的人来说，认真读一读空头大师们的成功案例，或许不失为快速提高投资能力的捷径。那些曾经或依然活跃在证券市场上的空头大师，他们的做空策略与实战操作，正是了解与学习做空本领的最佳标本，这也是本书创作的初衷。

胡　冰

CONTENTS | 目 录

第一章

杰西·利弗莫尔：

做空美国！9天赚取1亿美元

1929年10月29日，星期二，华尔街。

上午9时30分，纽约证券交易所刚刚开市，大笔大笔的抛单就铺天盖地而来。受上一个交易日暴跌的影响，投资者不计价格地抛售，像逃离地狱一样逃离股市。受抛盘打压，道琼斯指数盘中最大跌幅高达19%，无数人财富归零，有的甚至成为"负翁"。

空前的股灾，让这一天成为美股历史上永远的"黑色星期二"，更成为20世纪30年代美国经济大萧条的起点。当然，股灾中也有极少数人成为赢家。作为当时最大的空头，杰西·利弗莫尔就是其中的一个。

当日，趁着众人疯狂抛售之际，利弗莫尔命令手下将提前布局的2.5亿美元头寸平仓，一日大赚近6600万美元，创下"美股史上单日利润第二高"。

当天收盘后，利弗莫尔独自坐在书桌前，静静地看着面前的一页纸，纸上写着今天自己赢得的天文数字般的财富，觉得这一切就像在做梦。

下午5点钟刚过，利弗莫尔就离开了位于纽约第五大道的办公室。这比他平时下班早了许多。此时的利弗莫尔身心俱疲，无意再继续交易，只想早一点回到家中，好好休息一阵。事实上，为了这一天的到来，他已经大半年没有回家了。

令利弗莫尔意外的是，刚到家门口，他没有看到鲜花和笑脸，相反，他看到妻子多萝西和孩子们楚楚可怜的泪眼，多萝西的母亲则在他们身后号啕大哭。原来，家人早已从收音机里听说了华尔街的这场股灾，他们以为利弗莫尔破产了。

"你是说，我们没有破产？"妻子惊讶地问。

"没有，亲爱的。我刚刚度过了有生以来最棒的一个交易日。我们现在非常富有，喜欢做什么就可以做什么。"利弗莫尔回答道。

1. 窥测美联储会议风向

时针拨回 1929 年年初，那时，道琼斯指数刚刚创下新高。从 1921 年 8 月 24 日不足 100 点的底部开始，8 年来，道指已一路疯涨超过 400%。

"咆哮的 20 世纪 20 年代冲昏了人们的头脑，美国宽松的经济政策催生出一幕幕纸醉金迷的繁荣幻象，水涨船高的股市更是引来无数投资者的前赴后继。"有人这样描述美国股市早期的这一轮大牛市。

就在 1929 年 10 月 29 日这天，杰西·利弗莫尔像往常一样，来到纽约第五大道的办公室。他并没有像普通交易员一样去盯盘，而是一边打电话收集情报，一边思考。这不仅因为他一向沉稳的个性，还因为他的账户已清空，没有任何股票。

当时，这轮牛市已持续了 8 年，很多人从中赚得盆满钵满。但截至此时，利弗莫尔操作不多，也没有赚到多少钱。事实上，对这轮美股超级牛市，利弗莫尔一开始就没怎么参与，只在 1928 年上半年偶尔做多。

不过，对于这轮长达 8 年的大牛市的动力来源，利弗莫尔看得非常清楚，他认为无外乎有 3 条。一是经济发展。整个 20 世纪 20 年代，美国的经济增长率连续 3 年超过 10%。二是货币政策宽松。美国联邦储备系统（以下简称"美联储"）贷款利率维持在 5% 的低位。三是杠杆融资。普通投资者可以获得 10 倍杠杆，而大户可以获得 25 倍杠杆，银行喜欢股票融资带来的利润（当时股票融资利率是 15%）。

虽然参与不多，但作为天生的空头，利弗莫尔从 1928 年起就感受到美股连续数年的上涨将不可持续。进入 1929 年以后，面对狂热的市场，他不仅没有做多，反而在冷静观察市场的同时，着手准备做空。

1929 年年初，利弗莫尔放弃了手头所有事情，将注意力全部投入股市，密切关注市场内外的各种动向。这一年里的很多个日子，他都默默地穿过赫克歇尔大厦小得可怜的入口，走到楼上自己的办公室，不停地收集各种信息，分析市场大势。

与很多人想象的不同，在股市拼杀时，利弗莫尔更像是一位独行侠。他用来对付华尔街上众多的专业投资机构、炒作集团和大小非庄家的利器只有 3 样：一台报价机、一笔本金和几部下单电话。投资时，他几乎不和任何人或机构联手。

作为久战江湖的老手，利弗莫尔当然会有一些内部消息，但促使他做出投资决策的，更多的还是国内外的公开信息。

1929 年 2 月 2 日，美联储开始调查银行对券商融资的数据。受这一消息影响，市场当天收跌，成交量也正常。对于敏感的交易员而言，这当然是一个利空信号。2 月 11 日，美联储发出股市泡沫不可持续的警告，当天股市大盘低开，盘中最大跌幅为 3%，股指 K 线图也表现得比较难看。

当天，一些性急的交易员进场做空。事后看，这个时候做空有些偏早。当月，又有 2200 万美元的资金从英国流入华尔街，看来不少英国人也在参与这场美股狂欢。这些资金进场后，股市开始反弹，再次创出新高。

面对市场的强势，利弗莫尔没有急于出手，保持着很平和的心态。

他知道，一轮大牛市的结束，绝不是三两天的事情，因此，其头部的最终形成，需要一个相当漫长的过程。这时，一个成功的交易员，应该像一个优秀的猎手，需要不停地观察周边环境，以超常的耐心，等待猎物的出现，绝不可轻举妄动。

等待的时光是最漫长的。

在 1929 年初春的这段时间里，利弗莫尔就是这样在自己的办公室里静静地守候，从清晨到黄昏。休憩的时候，看着楼下街道上熙熙攘攘的人流，这位当时已算是功成名就的投资家，有时也不由想起自己 14 岁时独自离开家乡外出闯荡的往事。

1877 年 7 月 26 日，利弗莫尔出生在马萨诸塞州阿克顿镇一个农家。他的父亲是一位普通的农民，在祖辈留下的一个小农场里辛勤耕耘。但在 19 世纪的新英格兰地区，贫瘠的土地种不出什么东西，再加上整个美国刚从 1873 年的经济大恐慌中复苏过来，当时他的家庭真是一贫如洗。

小时候，利弗莫尔体弱多病，读书成为他最大的爱好。每当他得到阿克顿镇学校派发的几本书时，就开始如饥似渴地阅读起来。从那时开始，他就对数字非常感兴趣。偶尔，家里的农场也能收到一些报纸，他特别喜欢看这些报纸，后来他一生都保持着这个习惯。

阅读了大量报纸后，利弗莫尔开始明白——自己的一生不一定要像父母那样劳苦工作，这个世界上还有更轻松的生活方式。更大一些后，他不想像父亲一样以种田为生，他决定去争取属于自己的"美好生活"。

小小少年在等待机会。利弗莫尔的内心一遍又一遍地对自己说："我会发财的，我会出名的，总有一天我会给母亲 1000 美元。" 1000 美元！对这位口袋空空的农家少年来说，1000 美元就是他的奋斗目标。而艰苦的生活，也磨炼出他坚强的意志与不屈不挠的性格。

1891 年，一个阳光灿烂的日子里，在双手长满老茧之前，年轻的利弗莫尔离家出走了。那一天，他碰上了一位好心的马车司机，母亲还私下给了利弗莫尔一点钱，就这样，他奔向书报上描述的波士顿。

几天后，当利弗莫尔踏上波士顿这片热土时，他心里充满憧憬，觉得美好的未来就在不远的前方。那一年，他刚刚 14 岁。

不久，他就在一家证券经纪公司找到一份在黑板上书写股票报价的工作。一年后，他离开这家公司，独立创业，依靠自己的市场直觉，在多个对赌行里进行股票价格走势对赌。等到年底回家时，他真的给父母带回 1000 美元，从而实现了人生的第一个小目标，也开始了漫长的投机生涯。

人生就是这样，在不经意间就拉开了事业的序幕。相比充满激情的年轻时代，1929 年的利弗莫尔已人到中年。因此，那时的他，多了几分理智，更多了几分成熟。他知道，在资本市场，有时候等待要比行动更重要。

日子一天天过去了，长久的等待之后，利弗莫尔终于在这年的 3 月迎来一次重要的做空机会。

3 月 4 日，赫伯特·克拉克·胡佛宣誓就任美国第 31 任总统。出人意料的是，这位新总统竟然在就职典礼上就开始批评华尔街。消息传出，美股闻声下跌 2%。胡佛的态度，也让利弗莫尔更加坚定了自己的做空信心。

3 月 18 日后，美股进入高位震荡，K 线图中十字星偏多，表明市场多空分歧较大。

3 月 22 日，美联储开会，市场担心货币政策紧缩，大盘开始提前下跌。当天收盘后，利弗莫尔经过仔细分析后认定，大盘下跌趋势基本明朗，本年度第一次重要做空机会成熟。

接下来的这个周末，也许是利弗莫尔最为焦虑的两天，反复思考后，他决定放手一搏。

3 月 25 日开盘后，利弗莫尔用 700 万美元本金做空价值 1.5 亿美元的股票，几乎将大户可以使用的 25 倍杠杆用到了极致。这意味着，只要股价上涨 5% 就会让他破产。这样做，当然需要巨大的勇气。好在当天股市继续下跌，他持仓过夜。

第二天，美联储会议决定，股票融资利率从 15% 上调到 20%。对于融资客来说，这当然是一个巨大的利空。消息传出，股市大跌，最恐慌时下跌了 6.7%，很多个股跌幅更大。临近收盘前 1 小时，利弗莫尔将所有空头仓位全部平掉，两天获利 800 万美元。

当时，美股牛市的脚步仍在前进，因此，对于空头来说，利弗莫尔这一次短线突袭非常成功。值得关注的是，本次突袭的时机，没有选择在一向看空股市的新总统胡佛就任当天，而是放在了美联储会议期间。因此，有人怀疑利弗莫尔可能提前知道美联储会议决议内容。对此，他始终保持沉默。

个别研究者认为，利弗莫尔肯定提前获知了内线消息。一个非常重要的证据是，这一次他使用的杠杆实在太高。之后，即使在 10 月最后的决战中，他也没有押上全部资金。

无论如何，3 月 25 日的突袭是非常成功的。这次突袭，显示了利弗莫尔在关键时刻非凡的勇气和高超的交易技巧。成功的背后，更是他超常的耐心。这说明，做空一个大的头部需要更多的耐心和等待，不到关键时刻，绝不能轻易重仓出手。

正如他自己所说："不管什么时候，我都有耐心等待市场到达我称为'关键点'的那个位置，只有到了这个位置，我才开始进场交易。"

2. 亏损 600 万美元测试出股市承受力

"3·25"突袭之后，利弗莫尔只是短暂高兴了几天。不久，他就继续之前的做空动作，测试市场是否正构筑头部。

这种测试不是沙盘上的模拟推演，而是需要投入真金白银。

在一个狂热的市场里，这样的做空测试，无异于在火上浇水，量太大可能将火浇灭，惊动市场；量太小，则等于毛毛雨，市场根本不为所动，亏钱几乎是肯定的。因此，其中的分寸拿捏非常困难。

为此，利弗莫尔雇用了几位统计学家为他工作。这些人专门帮他测试做空资金面对市场打压时能承受的冲击程度，这不是一般的定性分析，而是精准的量化数据。这实际上就是最早的量化投资理念。当年，这样的思维确实非常超前。

春去夏来。这一年，纽约的夏天非常闷，而股市的氛围比天气还要闷。在这样的氛围下做空，确实是一件"反人性"的事情。

举世皆醉，唯我独醒。这种清醒是痛苦的，而况还要一边看着多头大把赚钱，一边承担做空赔钱的压力。这是一段非常煎熬的时光。

每次出手做空后，看着亏损的账户，他总是安慰自己，"你必须学会接受亏损"。"要接受小亏损并让利润奔跑"，利弗莫尔说过的这句话很有名，他也确实在这方面吃了不少苦果。这一切，都是投机所需要的试错成本。

每逢这种艰难时刻，利弗莫尔总是离群索居，静静思考。因此，从年初开始，他就很少回家，经常住在办公室或纽约公寓里面。他依然保持着每天早上五六点钟到办公室的习惯，按照既定的流程准备一天的工作。

5月初的一天，他下班较晚。走出办公楼，外面已是灯火通明。走在繁华的纽约第五大道上，他不由想起当年投机棉花期货失败，背着一身债务重返纽约时的狼狈情景。

1908年，利弗莫尔听信一个"棉花大王"的忽悠，盲目做多棉花，死扛亏损，从百万富翁变成债务缠身的"负翁"。那种灭顶之灾般的沮丧，即使在20年后的这个盛夏，想起来依然让他不寒而栗。

1914年，债务缠身的利弗莫尔回到了纽约，住在华尔街86号布雷顿豪酒店，试图借助股市翻身。不料，当年7月，纽约证券交易所休市了。这让他顿时失去了生活来源。一天，利弗莫尔不得不向自己的经纪人本·布洛克承认："我欠了100多万美元，估计要好长时间才能翻本。"

好事不出门，坏事传千里。

利弗莫尔穷困潦倒的状况，很快就传遍华尔街，很多人在等着看他的笑话。只有少数经纪公司没有放弃他，他们希望这位投机之王能在自己的公司交易，从而带来大量的佣金收入。

1915年年初，困顿之中的利弗莫尔，收到一位同情者的匿名建议："你为什么不直接宣布破产？这样你就没有不良记录了，你还可以重新开始……"

一语惊醒梦中人。直觉告诉利弗莫尔，这个建议是对的。于是，他立刻冲到律师那里提出了破产申请。

随后，《纽约时报》出现了这样的头条文章：《棉花之王破产了！》。"他在棉花期货交易中亏损巨大……迫使这位华尔街的著名人物，只好向联邦地区法院主动提出破产申请……"

当时，利弗莫尔的公开债务有102474美元，他的资产价值未知。此外，他还拖欠了一家三星级酒店一个月的租金。

申请破产后，为了东山再起，利弗莫尔到处寻找资金。他找遍了华尔街，最后只有一家券商愿意给他提供一笔只有500股的交易信用额度。当时的利弗莫尔已走投无路，这500股信用额度，成为他唯一的子弹，他只有一次扣动扳机的机会。

背水一战的利弗莫尔，这一次彻底冷静下来了。他躲在交易所的一个角落里，沉着观察着各种股票的走势，最后选择了那只将决定其命运的股票：伯利恒钢铁。

这一年的5月下旬，道琼斯指数开始走强。6月初，伯利恒钢铁股价冲天而起，3周内股价就涨到了90美元以上。这种走势的股票，利弗莫尔早年曾成功操作过上百次。他判定，只要股价突破100美元，伯利恒钢铁就会继续快速上攻。于是，他果断地在98美元的价位加杠杆买入。

利弗莫尔的这笔交易，就像一发子弹一样，击中了伯利恒钢铁股价的起爆点。两天后，他在 145 美元价位果断卖出。为了这两天，他耐心苦候了 6 周。

对于这次经典之战，100 年后的一位中国的基金经理这样评价："他在这唯一的机会中，需要具备 4 个条件：第一，看对大盘；第二，选对股票；第三，抓住时机；第四，拿出勇气。无论这四个条件中哪一个出现问题，都会造成永远再无翻身机会的结果。那么他或许就真的只能永远破产，然后和 99.99% 的人一样，永远离开资本市场。也就是说，利弗莫尔要想继续存活下来，他必须要做一次成功概率高达 99.99% 的交易，而当时的股市正处于一个四年经济衰退的行情中，这种难度是我们无法想象的。"

500 股伯利恒钢铁，让利弗莫尔再次获利 14.5 万美元，从一个破产的人，刹那间恢复了所有的交易信心。这是华尔街给予他的耐心和经验的回报。

为了纪念这 500 股，在利弗莫尔自己的证券公司里，一直流传着一条内部规定：对于长期在利弗莫尔证券公司进行证券交易的客户，如果遇到困难需要临时帮助，公司可以授权一笔任意股票 500 股的证券交易信用额度。这个规定，被称为"利弗莫尔证券 1914 特别条约"。

往事如烟。在 1929 年闷热的夏天里，利弗莫尔一边回忆，一边冷眼观察火爆的市场。

5 月 13 日，沿用"3·25"突袭成功的打法，利弗莫尔卖空巨量股票，同时在价格下跌后迅速平仓，当天获利 100 万美元。

卖出前，利弗莫尔请统计学家严格计算过他的卖出量对市场的影响。测算结果显示，1.5 亿美元的卖出量，相当于当日市场总成交量的 1%，可以短时间将市价打压约 1.5%。这个测试结果，正是他 3 月 25 日和 5 月 13 日敢于巨资做空的底气来源。

需要解释的是，当时，利弗莫尔这样做是合法的。在目前高频交易盛行的年代，这样做恐怕就有操纵市场的嫌疑。事实上，部分市场已经开始对这类交易进行限制。

之后几天，美国股市出现大幅下跌。我们不清楚是否与利弗莫尔在5月13日的打压有关，但他自己在那几天应该没有操作。

在测试市场承受能力的同时，利弗莫尔继续密切关注着各国央行的货币政策动向。这一次，他瞩目的焦点不再是美联储，而是大西洋彼岸英国的央行——英格兰银行。

由于英美之间的特殊关系，资本在大西洋两岸之间的流动非常便捷。特别是当年2月大量资金从英国伦敦流入华尔街之后，英格兰银行的动向对美国这轮牛市的影响不可小觑。如果英格兰银行加息，那么大批资金就可能从美国流回英国。这对市场走势的影响当然很大。5月29日，英国选出了思想左倾的新首相。利弗莫尔认为英格兰银行加息的概率在提高。他召开员工会议，讨论了英格兰银行加息的可能性。虽然投资决策由利弗莫尔自己做出，但他手下还是有一个20人左右的研究和交易队伍。

进入6月，美股加速上涨，从6月20日开始，连涨了13天，这是非常典型的牛市特征。但利弗莫尔的团队研究发现，6月创新高的美国股票数量从一年前的614只下降到338只。这说明，股市的内在上涨动力已在悄悄衰减。

这种分析市场多空力量对比的方法，在当时还是很先进的。它后来演化成股票软件上的一个指标——ADR（Advance/Decline Ratio），中文名为涨跌比指标，即上升下降比。ADR是根据股票的上涨只数和下跌只数的比值，推断股票市场多空双方力量的对比，进而判断出股票市场的实际情况。

研究团队的这个发现让利弗莫尔很兴奋，证实了他对市场正在形成大型头部的判断。更重要的是，当月新屋数据已经放缓，这是美国经济周期的重要先行指标。这更坚定了他做空的信心。

与此同时，华尔街的主流看法是：经济发展良好，货币政策温和，同时股票的市盈率估值（P/E 估值）也仅仅是高于历史平均 10% 而已。唯一让人不安的是市值估值（P/B 估值），高出了平均水平一倍，但多头有很多理由对这个高估值进行合理化解释。

从 5 月到 8 月，美股屡创新高。华尔街内外，人们到处都在谈论股市，看多的声浪甚嚣尘上。这个闷热的夏天，利弗莫尔整个踏空了。不仅如此，据统计，到这年 8 月份，他还在测试头部的做空交易中累计亏损了 600 万美元。

3．越洋电话传来内线消息

在痛苦与煎熬中，利弗莫尔迎来了 1929 年的 9 月。

9 月的头两天，利弗莫尔仍然做着和过去 6 个月内相同的事情，思考着到底应该在何时重仓做空。对他而言，市场无可抑制的涨势更像是一个信号，警告他千万谨慎行事。自当年 3 月以来，他一直都在暗中扮演"巨熊"的角色，不仅没有参与过股市的上涨，甚至还在试探熊市边缘的时候输掉了 600 万美元。

整个夏天，利弗莫尔都无视酷暑，天天坐在办公室里，一边打电话收集情报，一边思考。这两天，他在琢磨是不是该给伦敦的线人打个电话，探明英格兰银行即将采取的货币政策。

那时候，打电话不像现在一样稀松平常，横跨大西洋的长途电话非常罕见。当时，美欧之间的电话费为每分钟 25 美元，最低通话时间则是 3 分钟。平均下来，利弗莫尔每月打往伦敦、巴黎和柏林等地的长途电话费用约在 1.5 万—2.5 万美元之间。这在当时可不是一个小数目。

9月3日下午，利弗莫尔花费150美元往伦敦打了个电话，英格兰银行的那位线人告诉他两个重要的消息。

当天，在英格兰银行每月例行的董事午餐会上，时任行长蒙塔古·诺曼声称，"美国的泡沫已经破裂"，因此，英国央行将在月底之前实施已被推迟了很久的加息计划。

他解释称，这样做的原因，在于大量黄金已从英国外流至美国和欧洲其他国家，造成英国央行的黄金储备跌至一个尴尬的位置——1.37亿英镑。诺曼认为，利率的大幅上升或能阻止甚至逆转这一趋势。

这个消息非常重要，它意味着英国央行开始收缩银根。这当然会影响到美国股市的流动性，让本已乏力的市场涨势更加难以持续。

此外，那位线人还告诉利弗莫尔，午餐会上还讨论了另一件事：知名金融家克拉伦斯·哈特里旗下集团即哈特里集团，陷入了严重的财务困境。据了解，该集团负债高达1亿美元，但其资产只有1600万美元。也就是说，哈特里集团随时可能破产。

这个消息更重要。利弗莫尔心里很清楚，如果说，英国央行加息可能会影响市场的多头信心，那么哈特里集团如果真的破产，将给已经疲惫不堪的牛市当头一棒，成为压垮多头信心的最后一根稻草，引发全球股市崩盘。

这通电话非常关键，事实上，利弗莫尔正是在这一天下定了大举做空的决心。他开始大规模筹集资金，准备迎接多空决战时刻的到来。放下电话后，利弗莫尔立刻让人卖掉了与哈特里相关的股票。

之后的两天，利弗莫尔没有交易，他在等待市场知道消息后的反应。对交易员来讲，市场的反应远远比消息本身更重要。有时候，在一个强势市场里，投资者会认为利空出尽反而成利多。所以，单纯依据事件提前进行交易是非常危险的。

作为老江湖，也是美国当时数一数二的交易高手，利弗莫尔当然明白上述道理。他在默默地等待，就像猎豹在山林深处静静地窥视着越走越近的猎物。他知道，最后时刻越来越近了，只是不知道是哪一天。

伦敦那边传来的消息，当然是内幕消息。毕竟，利弗莫尔比普通人知道得早很多。这让他提前做好了应对市场剧变的准备。

在等待英国方面消息正式公布的那几天，利弗莫尔不由想起多年前的一件往事。那一次，他也是利用无意中得知的内幕消息而大赚一笔。

那是1916年12月20日上午，利弗莫尔来到了芬利巴尔公司在棕榈滩的分公司报价室——其实他并没有在这家公司开户，他只是顺路走进来看看行情。

在这里，他看到这家公司从芝加哥的办公室传来的一份电报。这份电报里，提到华盛顿一位笔名为W.W.布莱斯的记者传播的一条消息。消息称，当天晚些时候，时任美国总统威尔逊将要求第一次世界大战参战各方化干戈为玉帛。

当时，美国正在利用这场世界大战大发战争财，美国股市也因此迎来一波畸形的繁荣。利弗莫尔敏感地意识到，一旦威尔逊总统发出了这样的电报，美国股票"就会大跌"。这是一次非常难得的做空机会，他甚至没有更多时间思考，就立刻行动起来了。

利弗莫尔马上通过电话和电报，让他的经纪人立即将手头的股票全部平仓。接着，他全力做空包括钢铁股在内的4类股票。

下午1时45分，哈顿公司的电报部门经理托米把电报发给了所有分公司——在威尔逊总统发布停战通知前几个小时泄露了这个消息。得到消息的人，第一时间就抛出自己手头的股票甚至反手做空，受此影响，股市出现下跌，不过，盘中跌幅不大。

当这个消息最终传到交易所时，场内顿时一片混乱。一时间，根本没有人买入股票了，所有人都在抛售，于是股指开始断崖式下跌。

这场股灾让很多人一无所有，包括利弗莫尔的老东家托马斯·W.劳森。当时，他还在期待股市上涨，做多了几千股股票。劳森把自己的破产归咎于别人的市场操作——比如，像利弗莫尔这样做空的行为。于是，他开始到处告状。

劳森的投诉大致如下：第一，总统的妹夫是经纪公司康诺利公司的管理人员，他能提前知道总统的停战通知；第二，像哈顿这样的公司提前知道了"秘密"，他们不顾国家利益，却帮助客户致富；第三，像巴鲁克（提前知情并做空）与利弗莫尔这样的人应该被立即押进大牢。

劳森的投诉引起了国会的高度重视，国会组建了专门委员会开始调查这次"泄密事件"。巴鲁克承认在总统的友好帮助下赚了46.5万美元。而利弗莫尔则很坦率，他告诉调查人员，他不属于"那个团体"，他得知这个消息纯属意外——他是在一个陌生的经纪公司看见的。因此，他是无辜的。

至于做空，他解释说，当股价过高时他总是做空，这一点大家都知道。

调查结束后，纽约证券交易所修改了一些条款，禁止会员根据"内幕消息"做交易。不过，利弗莫尔一直是个体户，不是纽交所会员，所以这个条款对他没什么影响。

这次交易以后，当利弗莫尔到银行去看自己的账户时，丰厚的获利让他笑得很开心。

1929年9月5日，一个看上去很平常的日子。这一天因为一场演讲而成了空头们的狂欢节。

这天凌晨5点，利弗莫尔就来到办公室。之前，他从位于波士顿的联络人口中得知，经济学家罗杰·沃德·巴布森这天中午将在全美商业会议上进行演讲。

巴布森是当时著名的空头，他从1927年起就看空股市。在过去的两年里，他坚称市场将出现一次大崩盘。因此，媒体非常关注他的这次讲话，报纸上铺天盖地全是有关这场演讲的报道。

利弗莫尔判断，巴布森极有可能继续他的"消极"演说，并且引发市场恐慌。事实上，无论是著名的多头还是空头，基本上都很少改变自己的观点。多年的交易经验告诉利弗莫尔，这又是一次偷袭的机会。

当天，从上午10点美股开盘到巴布森开始讲话的那一个半小时里，利弗莫尔和他手下的交易员们卖空了价值近1500万美元的股票。

巴布森在演讲中果然继续强烈看空，他说，"市场迟早会迎来一场崩盘，主要股票都不能幸免，道指将暴跌60到80个点"。午后，这一讲话很快传遍美国，华尔街"专业人士"开始抛售股票，股市开始大跌。

收盘前，利弗莫尔又追加了500万美元的空头头寸，并决定持仓过夜。正当他等待来日有一场好收成时，另一位经济学家的表态彻底破坏了他的好心情。

收盘后，耶鲁大学经济学家费雪在接受采访时，坚持认为美股不会崩盘，并直接否决了暴跌的可能性。费雪的名声当时如日中天，他和著名经济学家凯恩斯都是坚定的美股多头。因此，这次采访的内容同样被媒体疯狂转载。

这一夜，对于利弗莫尔来说真是漫长难挨。考虑到费雪的影响力，他似乎已经看到第二天开盘后股市的暴涨，以及交易所内多头的狂欢。摸透了市场的利弗莫尔，连夜给交易员们下达了指令：第二天市场一开盘，所有空头头寸必须全部平仓。

果不其然，9月6日一开盘，股市即开始上涨。利弗莫尔开盘就平掉所有空头仓位，同时反手做多500万美元。到了中午，美股已经收复了前一天的所有失地。收盘前，他将500万美元的多头头寸全部卖出。

当天的交易，为利弗莫尔带来了超过180万美元的利润。这些多空交叉的交易，得以痛快淋漓地完成，充分体现了出身短线交易员的他，超乎常人的市场嗅觉与近乎本能的交易技巧。

收盘后，利弗莫尔带着交易员到酒吧狂欢，这种感受也许只有经历过死里逃生的人才能体会。

9月20日，那位来自英国央行的线人，又告诉利弗莫尔两个重磅消息：英国央行将在次日午间将贴现率从5.5%上调至6.5%；哈特里集团预计将在本周内申请破产，哈特里本人及其董事会或将被控证券欺诈。

这一次，利弗莫尔及其团队更没有浪费难得的机会。他们再一次提前布局，尽可能多地卖空股票，并在一周后哈特里集团"雪崩"之时，一举获利250万美元。

4．秘密布局4.5亿美元空头仓位

遭受哈特里集团破产事件的冲击后，美国股市一直阴跌，但交易量也没有放大。因此，大多数人认为这只是正常的回调，是很好的加仓机会。

费雪与凯恩斯这样的知名经济学家也继续看好美股，但在利弗莫尔眼中，这是暴风骤雨来临前的短暂平静，是最终崩盘前空头氛围的默默酝酿。

10月4日，利弗莫尔抵押了住房和游艇，获得1000万美元贷款，加上原有的2000万美元，他当时一共有3000万美元的本金。作为超级大户，券商允许他最高能使用25倍杠杆，这样他可以做空7.5亿美元的股票，这相当于当时美国股市总市值的5%。

10月5日，美股高开反弹，华尔街的多头们再次欢呼。但美国银行业协会主席不像他们那样乐观，并再次警示美股风险。银行家们的焦虑，再一次触动了利弗莫尔敏锐的嗅觉，他分析后得出一个结论：美联储紧缩银根的时间可能很快到来。因此，他判断，等待9个多月的决战时刻马上就要到了。

从这一天开始，利弗莫尔开始安排大规模做空美股的具体细节。这一次，他不再像之前的突袭那样，将资金一次性投下去。由于资金量巨大，做空股票较多，他让交易团队采取分批建仓的方式，一直到 21 日才全部建完仓位。

具体而言，利弗莫尔打算做空美国最大的 100 只股票，总市值是 4.5 亿美元。他并没有最大限度地使用杠杆。对此，他后来在日记中承认自己不够勇敢，责问自己为什么不做空 7.5 亿美元。他当时的计划是等股票下跌趋势形成后，再追加 3 亿美元的空头头寸。他预定的盈利目标是 1000 万到 2000 万美元。

从 10 月 5 日开始，美股持续反弹了 4 天，收出几根小阳线。虽然反弹力度很弱，但还是让利弗莫尔承受了一定的账面亏损。他知道这是暴跌前的挣扎，多头的好日子已经没有几天了，因此，他基本不为所动。

几周来，不断出现的利空事件已经给市场发出了警告，但持续多年的牛市已经让投资者养成了根深蒂固的多头思维。此时，渴望继续赚钱的大众还在疯狂做多，他们忽视了这些警告信号——不管是报纸上的，还是别人暗示的。大众的狂欢，早已淹没了少数担忧的声音。

10 月 16 日，美股大跌。17 日短暂喘息后，18 日继续大跌。从 K 线走势上看，美股指数已经形成高山流水般的跌势，巨大的头部正在形成，华尔街已走到了悬崖边缘。

山雨欲来风满楼。

这时，市场开始传言有一个巨大的阴谋集团在做空美国，为首的就是利弗莫尔。这个周日，《纽约时报》的头条是：杰西·利弗莫尔是打压高价证券的领头人。

这家报纸头版的第一栏继续解释说，利弗莫尔先生"曾经是美国最大的投机者之一，也是空头的领军人物……在他攻击了绝望的多头以后，他的利润已经有几百万美元了……"。

《纽约时报》的报道，让利弗莫尔一时间成为众矢之的，成为股市暴跌的替罪羊。亏损压力与暴跌恐惧让多头们愤怒了！利弗莫尔收到不少威胁电话，甚至日常行动也被人跟踪，为此，他被迫聘请了两位保镖贴身保卫自己的安全。

面对多头的威胁与公众的质疑，利弗莫尔决定召集各家媒体，开一个新闻发布会，正式亮明自己的态度，洗清做空集团的嫌疑。他的这个决定，来自早年他成功利用媒体帮助操盘的启发。

那是1908年冬天，他在棕榈滩度假时，开始对商品期货感兴趣。当时，他正在关注棉花市场，棉花合约的最低数量是100包（约22.7吨）。

观察一段时间后，利弗莫尔偷偷地买入了棉花。当时，商品市场正在上涨，他很快就做多了12万包，成为那个冬天棉花的大多头。不过，作为证券交易老手，他很清楚，买入容易卖出难。他现在就是最大的棉花多头，那么该把这些合约卖给谁呢？如果不能在更高的价格卖出这些棉花，那是无法赚钱的。

为了实现赚钱的目标，利弗莫尔决定试试运气——他将目光投向记者们，打算通过媒体来实现这个目标。他找到一位记者，请他写一篇有关自己做空棉花的报道。

这篇文章很快出现在《纽约时报》的头版，题为《杰西·利弗莫尔囤积了7月份棉花空头，赶快回补仓位》。文章登出后，立即引起华尔街的震惊，很多人抢着买入棉花商品，利弗莫尔则顺利平仓了。

这种"不费吹灰之力"就赚钱的办法，让其他交易者很是羡慕。对此，利弗莫尔则谦虚地表示："我和那篇文章没有任何关系。"这一战，也为他赢得"棉花之王"的名声。

10月21日上午，这场特别的新闻发布会在利弗莫尔的办公室召开。有趣的是，利弗莫尔没有给《纽约时报》发邀请函，但这家媒体的记者还是闻风而来。

10月21日早上，《纽约时报》一位年轻记者来到纽约第五大道730号，进入利弗莫尔的办公室。在前来采访的路上，他还在做着采访前的功课，回忆着利弗莫尔传奇的点点滴滴：

当时，社会上传闻说利弗莫尔结过两次婚，有两个儿子，正在准备开始新的婚姻……很多人证实，利弗莫尔只坐劳斯莱斯，他的住所至少有几十间房（一部分冬天住，另一部分夏天住）……有人目睹利弗莫尔喝酒，说他在喝马提尼的时候就可以轻松地赚入几百万美元……知情人说他喜欢美女与赌博，他的经纪人也证实说："利弗莫尔先生在赌博的时候想着做爱，在做爱的时候想着赌博。"

……

奇怪的是，这些报道还有据可查。

实际上，《纽约时报》曾经报道过，利弗莫尔在一天内做空股票，赚了100万美元，同一天因为做多棉花亏了100万美元，而当天晚上他还悠闲自得地独自出去散步！

作为20世纪初美国最著名的炒股高手，"股票市场的投机灵魂"，很难说谁更爱利弗莫尔——报纸把他当题材，吸引读者眼球；经纪公司把他当大主顾，靠他养肥；他还要网罗与贿赂那些商业间谍、金融机构线人，这样他才能得到内幕消息……而散户们则对他爱恨交加，有人希望能跟随他一夜暴富，更多的人则恨他做空市场，掠夺他们可怜的财富。

当这位年轻的记者进入号称当时"纽约最奢侈的办公室"时，他发现，这里没有人们所说的密室，没有所谓的30部电话、20名职员，以及一个在黑板上更新价格的男孩。这里，像当时很多写字楼里的老板间一样，非常简单，只有必需的办公桌椅和几部电话。

走进利弗莫尔安静的书房，他觉得自己来到了罗马教皇面前……利弗莫尔坐在大红木桌后面，像是埃及金字塔的狮面人身雕像，沉着、严肃。

"投机之王"似乎并不欢迎《纽约时报》记者的到来。他似乎没有看见记者，伸手拿起桌上的电话，用手指捂着，轻声地下达着交易指令。此时，这位年轻记者正好有时间仔细打量他。

一本有关利弗莫尔的书中，详细描述了《纽约时报》这次采访过程：

总体来说，杰西·利弗莫尔穿着得体，显得很有品位。"投机之王"并没有表示要握手，他从不和任何人握手——他不喜欢和男性有身体上的接触（女性则是另外一回事了）。利弗莫尔抑制住自己的兴奋心情（利弗莫尔"紧张又激动"），当他等待记者提问时显得神秘莫测。很明显，没有必要寒暄了，第一个问题是：

"利弗莫尔先生，你真的是空头领军人物吗？"

利弗莫尔模仿丹尼尔·德鲁过去的做法，他从抽屉里面拿出一张早已打好字的纸并递给记者——一句话都没说。

这位记者不知所措，把这张纸收起来也不是，读出来也不是，只好试探着问道："你不准备回答我的问题吗？"

利弗莫尔的声音不大，但每句话都像打桩机一样清晰有力："你们报纸责怪我袭击了市场。我写的东西能证明我的清白。你把它读出来，然后我再回答你的问题。"

这位记者读道："各种报道不分青红皂白地说我和一些著名的资本家资助了这次空头战役，导致媒体和经纪公司都在传播这些小道消息，我想指出，这些谣言都是假的，我和任何人都没有关系……"

记者在这里停顿了一下并抬头问道："但是，利弗莫尔先生，为什么股票跌了？"

这位文质彬彬的投机者就像在说别的市场操作者一样简单说道："任何人，只要他愿意去分析股票，他就会明白，相对于真实的盈利和收益来说，股票的价格贵了很多倍，人们在这么离谱的高价处肯定要做空的，下跌是必然的。"

庄重的发言之后，利弗莫尔如释重负地往转椅后背一靠，手上拿着笔和小刀在不停地玩。

《纽约时报》的记者不依不饶地问："（耶鲁大学的）费雪教授说股票很便宜。是不是大家都觉得股票很便宜？"

利弗莫尔气得两眼冒火，轻蔑地说："费雪教授！教授怎么可能懂投机市场？他用保证金交易过吗？他认为这些泡沫便宜，那他有没有掏一分钱出来买呀？"

利弗莫尔也不管记者的反应，继续讲大道理："你必须有内幕消息——所有的内幕消息。既然这是事实，大众怎么可能依靠课堂上的消息赚钱？我告诉你，市场永远是波动的，它就像大海一样。收集和派发的过程就是海浪的波动。当你犯错的时候，市场会告诉你的。所以我们不要管大学教授讲什么，市场自己会讲故事。"

但是这位记者很固执，利弗莫尔准备好的发言和陈词滥调并不能让他感到满意。他需要具体的答案，所以他问道："既然你认为市场要变弱了，难道你就不做空吗？"

利弗莫尔口齿伶俐，快速回答——不过他在撒谎："我在市场中做的都是个人的小事，一直如此。在如此繁荣富强的美国没有任何人可以打压股市，这种想法是愚蠢的……即使我认为股市要下跌，市场中照样有便宜的股票。"

很明显，利弗莫尔的回答并不能让这位年轻的记者感到满意，既然利弗莫尔提到了"便宜的股票"，这位记者正好就有了线索，他问道："你是如何找到这些便宜的股票的？"

投机大师笑了："这是我的商业秘密——我目前不想公布出来。"然后，他做了一个鲁莽的动作，让记者离开。

回报社的路上，这位记者一直在问自己：利弗莫尔讲的是真的吗？

他是空头的领军人物吗？他到底如何看空？他持有多头仓位吗？他是不是在和其他人一起操控市场？全国人民都在说"利弗莫尔袭击了市场""利弗莫尔会毁了这个国家"，这是真的吗？

这位记者尚不知道，就在他采访利弗莫尔的时候，美国股市正在暴跌，经历着痛苦的"黑色星期一"。而不管利弗莫尔在访谈中的发言是否公正、是否掩盖了真相，这位年轻记者的专栏文章还是要写的。这篇文章的标题就是：《利弗莫尔先生的观点》。

5．黑色一周凌厉追杀做空

10月21日，星期一，美股大幅低开，盘中最大跌幅达6%。

在之后几个小时的混乱交易中，主要股票都在狂跌。紧张的经纪人惶惶不安地聚集在交易所内，他们感到很害怕，因为他们给了疯狂的大众很大的保证金杠杆，当然担心出问题。更可怕的是，以往支持他们的摩根、贝尔蒙特、洛克菲勒、温伯格这样的大买家，突然不再提供头寸支持了。

在山呼海啸般的雪崩面前，个体几乎是无能为力的。毁灭注定到来！

美股历史上著名的"黑色星期一"，就这样降临了。当天的暴跌，正式宣告了美股接近9年的牛市结束。

当天的交易时间内，利弗莫尔都在接受记者的采访。他在市场的头寸早已布局完毕，该下达的指令也早已下达给交易团队。因此，他可以在办公室里与记者高谈阔论，不用担心市场的剧变。

新闻发布会结束后，利弗莫尔获悉了市场的惨状，知道发生了股灾。他能够想象出有多少散户会血本无归，更有多少做多机构会面临破产。但他不准备收手，没有改变自己的做空计划。

在股灾中受伤的芸芸众生跟利弗莫尔没有直接的关系，他也不认识他们。他不会再像 7 年前那样，因为拯救一些关系不错的经纪人朋友，而宁愿看着老东家破产，放弃唾手可得的巨大利益。

7 年前那件事是利弗莫尔投机生涯中少有的事情。这说明，这位常年在冷酷的多空博弈中谋生的股市大鳄，内心深处还保留着一丝宝贵的温情。这一切都是因为一家猪仔店而引起的。

1922 年 6 月，一家食品零售连锁店在纽约证券交易所上市，这只股票叫猪仔店。这家店的创始人是一个来自田纳西州 40 岁左右的胖子——克拉伦斯·桑德斯。

猪仔店上市后不久股价就开始下跌，这让桑德斯坐卧不宁。为了保持住他理想中的市值，他"借了 1000 万美元，塞进箱子"——风驰电掣地赶到了华尔街，寻找专业人士为自己护盘。

打听一番后，桑德斯雇用了华尔街最著名的炒股高手利弗莫尔，请他担任公司投资总经理，发动了"证券交易所历史上的最后一战"。

开始操盘的时候，利弗莫尔手上只有 20 万股猪仔店的股票。他不动声色地买入，一周后，他从公开市场买到了 10.5 万股，股价也涨到了 35 美元。

这时，场内不少空头也盯上这只股票。他们认为这只股票值不了这么多钱，因此开始在 35 美元的价位做空。

到了 1923 年 3 月，在买盘推动下，猪仔店股价涨到了 70 多美元。在这个过程中，利弗莫尔不但让股价翻番了，而且帮桑德斯收集了 198872 股股票。此时，这只股票的流通股几乎都集中在利弗莫尔手里，如果桑德斯想出货，随时都可以。

3 月 19 日，桑德斯突然决定出货。他叫利弗莫尔"放空头们一马"。他还说，如果有人要"私了"，希望利弗莫尔大方点。

这个指令让利弗莫尔遇到了职业生涯以来最艰难的抉择。如果他听从命令，大幅拉升股价，那些做空者将血本无归，他认识的很多人就要破产。

那一夜，他反复思考后还是下不了手。当晚，他向桑德斯提出辞职，离开了这位田纳西州大佬。

第二天，桑德斯亲自操刀，拉升自己家公司的股票。

当天，猪仔店开盘价是75.5美元，由于筹码几乎都在桑德斯自己手中，股价拉起来很轻松，很快就飙升到了124美元。下午，场内流言满天飞，都说桑德斯已经"垄断了这只股票"，交易所可能要对猪仔店停牌。

收盘后，交易所真的决定对猪仔店实施停牌。利弗莫尔的经纪人朋友都得救了，但桑德斯最终破产了，直到临终时他还在责怪利弗莫尔。

当年，因为顾及朋友，利弗莫尔选择了违约，放弃了唾手可得的利益。这一次，他决定不再仁慈。事实上，他已多次公开声明美股股价太高，存在巨大泡沫。那些聪明的投资者早已清仓，留在场内的都是谁也叫不醒的多头。

多空博弈是你死我活的。如果股市不是大跌而是继续暴涨的话，利弗莫尔注定将又一次破产。到时候，谁又会来同情他呢？相反，会有很多人无情地嘲笑他。

黄鹤楼上看翻船。

这句话，可以形容利弗莫尔接下来几天的心情。股市在雪崩，无数人血本无归，但这一切与他无关。他只管盯着盘面的变化，及时传达各种交易指令。

关于利弗莫尔在这段时间的操作，有人做了这样简单的记录：

10月23日，星期三，股票放量下跌。杰西·利弗莫尔平掉了1/4仓位，获利800万美元，同时还有2000万美元的账面利润。

10 月 24 日，星期四，市场出现恐慌性下跌。利弗莫尔在下跌高潮中平掉一半仓位，获利 1400 万美元。当天市场尾盘反弹，他又增加了 1 亿美元空头。

10 月 29 日，黑色星期二。市场极大恐慌时下跌 19%。利弗莫尔全部平仓，获利 9300 万美元。

这段时间里，令利弗莫尔印象最深的，还是日后被人们称为"黑色星期四"的那天，也就是 1929 年 10 月 24 日。这一天，他先平仓，又建仓，整个交易做得酣畅淋漓。

当天，美股开盘即暴跌 11%，高价股票变身废纸，很多人的上万身家一夜之间全部消失。场内恐慌情绪大肆弥漫，人们争先恐后抛售股票，那情景，就像地球末日来临一样。在惊恐而疯狂的股民助推下，当日交投量创下破纪录的 1290 万股。

当天，恐慌抛售过后，美股盘中出现大幅反弹，最终下跌 2%。此时，距离同年 9 月 3 日的高点，道指已下跌 21.5%。散户们已一无所有，大户们损失惨重，整个交易所场内，绝大多数人都是胆战心惊，丧失了交易的勇气。

这个惊心动魄的交易日，利弗莫尔几乎是唯一的赢家——在股市跌得最惨时，他将 1.5 亿美元的半数空头头寸平仓，借此赚下 1400 万美元。接着，眼看股市大幅反弹，几乎收复了全部失地，他转手又卖掉 1 亿美元股票。

这一周，股市一泻千里，利弗莫尔却因为做空大赚 2700 万美元。在瞬息万变的市场，他几乎没有做出任何错误的决定。在这一周结束的时候，他依然持有 2 亿美元的空头头寸。

"下周一，股市一定会继续大跌。"利弗莫尔这样告诉自己。作为交易高手，他近乎本能地感觉到，市场雪崩的趋势一旦形成就会呼啸而下，途中偶尔出现的反弹，根本改变不了继续下跌的趋势。这也是他继续保持那么多空头仓位的原因。

这个周末，无数人在焦虑不安中度过。面对如此凶猛的下跌，不少人已经陷入绝望，只求尽快离开这个刺激的"赌场"。

10月28日，美股再次暴跌13%，成为华尔街永远的"黑色星期一"。

押对了！冒险成功的利弗莫尔，没有就此收手，相反，他又卖出5000万美元股票。他预料，星期二将比"黑色星期一"更为黑暗。

10月29日上午10点，纽交所刚刚开市，大笔大笔的抛单就铺天盖地而来，输无可输的投资者们开始了不计价格的抛售，像逃离地狱一样逃离股市。受抛盘打压，道指盘中最大跌幅高达19%。

看着瓢泼大雨般的抛盘，利弗莫尔终于忍不住了，他下令将所有空头仓单平掉。当日，利弗莫尔大赚6600万美元，成为"美股史上单日利润第二高"的传奇人物。

粗算下来，在这"黑色一周"前后不到9天的时间里，利弗莫尔的总收益已经达到9300万美元。再加上此前在9月和10月初赚到的几笔小钱，这位大空头获利已经超过1亿美元。而当时整个美国的GDP也不过40亿美元，可以想象，他的收益有多么惊人。

事实上，他已成为当时世界上最有钱的10个人之一。

与之相反，利弗莫尔的对手们——著名大多头亚瑟·卡滕、费雪、凯恩斯等人都损失惨重，前两位更是几乎变得一无所有。经此一役，"投机之王"名动江湖，无人能及。

利弗莫尔在这"黑色一周"里成功的做空操作，后来被认为是金融史上最伟大的交易之一。而他本人即使在去世多年之后，依然被华尔街视为"百年美股第一人"。

附录1 杰西·利弗莫尔的做空策略

（1）看大势者赚大钱

有做空某只个股的空头，也有做空大盘指数走势的空头。所谓看大势者赚大钱，这种以某一国甚至全球市场大盘指数为做空标的的空头，基本上都是当时当地最优秀的投机家。他们不仅要有超人眼光，还需要有强大的资金实力。这种人，往往不做则已，一做惊人，成则巨富，败则破产。

利弗莫尔当然属于看大势者。作为天生的空头，利弗莫尔从1928年就感受到美股连续数年的上涨不可持续。1929年年初，利弗莫尔放弃了手头所有事情，将注意力全部投入股市，密切关注市场内外的各种动向。这一年的很多个日子，他都默默地穿过赫克歇尔大厦小得可怜的入口，走到楼上自己的办公室里，不停地收集各种信息，分析市场大势，随时准备做空。

不过，对于这轮长达8年的大牛市的动力，利弗莫尔看得非常清楚，他认为无外乎有3条。一是经济发展。整个20世纪20年代美国的经济增长率连续3年超过10%。二是货币政策宽松。美联储贷款利率维持在5%的低位。三是杠杆融资。普通投资者可以获得10倍杠杆，而大户可以获得25倍杠杆，银行喜欢股票融资带来的利润（当时股票融资利率是15%）。

（2）聚焦关键信息

不论是做空个股还是大盘，关键信息收集都是第一位的，否则，盲目做空等于"找死"。作为久战江湖的老手，利弗莫尔当然会有一些内线消息，但促成他做出投资决策的，更多的还是国内外的公开信息。

1929年2月2日，美联储开始调查银行对券商融资的数据。受这一消息影响，市场当天收跌，成交量也正常。对于敏感的交易员而言，这当然是一个利空信号。2月11日，美联储警告股市泡沫不可持续，当天股市大盘低开，盘中最大跌幅为3%。

10月5日，美国银行业协会主席再次警示美股风险。银行家们的焦虑，再一次触动利弗莫尔敏锐的嗅觉，他分析后得出一个结论：美联储紧缩银根的时间可能很快到来。因此，他判断，等待9个多月的决战时刻马上就要到了。

（3）试探性量化测试

与个股趋势比较容易判断不同，大盘走势一时间很难看清。这时候，可以以少量资金有计划地入场操作。这种操作的目的不是为了赚钱，而是测试市场买方的力度，看看市场上涨潜力大小。这种测试，应该有自己的一套监测指标，比如涨跌比指标。

为此，利弗莫尔雇用了几位统计学家为他工作。这些人专门帮他测试做空资金对市场打压时的冲击程度，这不是一般的定性分析，而是精准的量化数据。这实际上就是最早的量化投资理念。当年，这样的思维确实非常超前。

测算结果显示，1.5亿美元的卖出量，相当于当日市场总成交量的1%，可以在短时间内将市价打压约1.5%。这个测试结果，正是他日后敢于巨资做空的底气来源。

（4）严格执行金字塔法则

不要逆势而为，这是投机者的首要原则，无论是多头还是空头都是如此。这个原则的落实，主要体现在资金管理上。所谓顺势而为主要指的是趋势明朗后的资金管理。当趋势明朗后，就应该尽快加大资金投入，尽可能扩大收益。这就是所谓的金字塔法则。历来在资本市场赚大钱者，几乎无一不是执行这一策略的。

1929年10月5日，在预判美股即将大跌后，利弗莫尔打算做空美国最大的 100 只股票，总市值是 4.5 亿美元。这一次，他不再像之前那样将小资金分批下单，而是一次性将资金投下去。由于资金量巨大，做空股票较多，他让交易团队采取分批建仓的方式，一直到 21 日才全部建完仓位。

即使如此，利弗莫尔依然没有最大限度地使用杠杆。他当时的计划是等股票下跌趋势形成后，再追加 3 亿美元的空头头寸。

附录 2　杰西·利弗莫尔的人生轨迹

1877 年，出生于在马萨诸塞州的一个农民家庭。

1892 年，15 岁，通过投机交易获利 3 美元。

1897 年，20 岁，赚取了人生中第一个 1 万美元。

1900 年，23 岁，第一次爆仓。

1901 年，24 岁，东山再起，在当地券商再度获利 5 万美元。但是因为没有适应报价规则而再度爆仓。

1902 年，再度东山再起，开始盈利。

1907 年，30 岁的利弗莫尔在股票崩溃行情中做空，赚到了 100 万美元。

1908 年，31 岁，利弗莫尔遇到了当时的棉花领域领军人物托马斯。利弗莫尔被托马斯对棉花大势的分析和内幕消息所影响，放弃了自己的交易规则，逆势死扛，浮亏加仓，最后亏损惨重。随后，其在股市中的交易也连续失败，最后再一次破产。

1914 年，利弗莫尔已经 37 岁，他身欠百万债务，没有交易的机会。后来，他终于在一家券商处遇到了一次机会，对方给他提供了一笔只可以交易 500 股的信用额度。利弗莫尔的入场时间恰到好处地打在一只股票的起爆点上，随后它便走出了一波牛市行情，凭借这 500 股的券商信用额度，他成功地再次崛起。

1915 年，38 岁的利弗莫尔通过交易再度获利 10 多万美元。

1917 年，利弗莫尔已经盈利数百万美元。通过自己的经历，他发现，在投机这个行业，根本不存在长久的稳定。于是，他给自己的家庭购买了信托养老基金，以防止他再次失败，保障家庭的安稳。

1929 年，利弗莫尔 52 岁。在 1929 年股市的大崩盘中获利超过 1 亿美元，相当于今天的 1700 亿美元左右。

1934 年，做空美国 5 年之后，利弗莫尔破产了，没有人知道具体的经过。据后人总结，他赚的钱被他的前妻挥霍了大部分，离婚的时候又分给了其前妻一部分，一部分还用于购买信托基金。1929 年以来这 5 年，利弗莫尔离婚并且开始了第三段婚姻。他的新妻子，比他小 30 多岁。

1940 年，63 岁的利弗莫尔开枪自杀。

第二章

迈克尔·斯坦哈特：
做空"漂亮 50"！短线之王脱颖而出

1972年11月14日，美国纽约，华尔街。

当天开盘后不久，道琼斯工业平均指数就突破1000点，纽交所内欢声雷动。直到收盘，股指依旧稳稳地站在1000点上方。这是6年来道指第一次在收盘时站上千点大关。

当天，华尔街一片欢腾。收盘后，大多数基金经理人都去酒吧庆祝了，但在离华尔街不远的海狸大街67号斯坦哈特·范·博考维奇公司（以下简称斯范博公司）办公室里，却有着与周边的多头公司不一样的气氛。

在这间不大的办公室里，公司老板兼投资决策人迈克尔·斯坦哈特一边抽着登喜路香烟，一边与其最亲密的助手托尼讨论如何做空美国"漂亮50"股票。

所谓的美国"漂亮50"，就是由华尔街上的摩根信托等大投行评选出来的一组业绩优秀、成长性强的热门股票，有点类似于现在的蓝筹股。这些股票里包括雅芳、宝丽来、施乐、麦当劳等明星股，它们也是大多数基金经理的最爱。

与华尔街那晚的牛市狂欢气氛相比，这两位年轻的对冲基金经理人的做空讨论，看上去既不合时宜，又不可思议。这个时候逆势做空，不仅需要见识，更需要胆量。

后来的事实证明，正是这次讨论及后来的做空布局，不仅让斯范博公司逃过灭顶之灾，更成就了斯坦哈特个人投资史上的一段传奇，让他成为"短线之王"，进入华尔街最杰出基金管理人行列。更鲜为人知的是，这位投资大师几乎是无师自通，从13岁时就开始学习炒股，是少数来自民间的顶级犹太金融家之一。

1. 父亲送的成人礼礼物是股票

与很多外来移民家族的子女相同，迈克尔·斯坦哈特从小有一个美国梦。不过，与其他成功人士相比，斯坦哈特的青少年时代经历更坎坷一些。

斯坦哈特家族来自东欧，从斯坦哈特记事起，家族就一直生活在纽约布鲁克林地区，那是美国最著名的犹太社区之一。

斯坦哈特的父亲是一位游侠式的人物，不安分守己，敢于四处闯荡，曾经到过卡斯特罗革命前的古巴，特别嗜好赌博。

1941 年，斯坦哈特刚 1 岁，父母离婚了。他从此跟母亲生活，父亲只是偶尔来看看他，不定期地送来 50 美元抚养费。因此，在他心里，家长就是相依为命的母亲和外婆，父亲不过是偶尔见面的客人，就像天上偶然划过的流星。

虽然不常见面，但父亲一直没有停止对斯坦哈特的关注。在儿子人生的关键时刻，总有父亲的身影。尤其是随着父亲专注于珠宝生意，财务状况有很大改善之后，他对儿子的关心也比以往更多。

13 岁时，母亲为斯坦哈特举办了成人礼。在这个仪式上，漂泊在外的父亲专程赶来庆贺，并送给他价值不菲的礼物。

一般情况下，大人们这时候送的礼物多是 100 元面值的国债，而父亲送给斯坦哈特的却是两只股票，一只是宾夕法尼亚州迪克西水泥公司，另一只是哥伦比亚天然气公司，每只 100 股，总价值 5000 多美元。

当时，老斯坦哈特不能说很有钱，但经济状况已经有很大改善。他时常与华尔街一些证券公司的经纪人一起赌博，因此开始涉足股市。不过，终其一生，他还是喜欢像拉斯维加斯这样的赌场，而没有真正参与证券投资。

令老斯坦哈特没想到的是，他的这份礼物影响了儿子的一生，造就了华尔街一位天才的投资大师。

在那之前，斯坦哈特的人生圈子没有走出过布鲁克林的几条街道。虽然他数学天赋很高，而且争强好胜，甚至继承了不少父亲敢于冒险的基因，但这些都只是与学校读书和日常生活有关，跟资本市场基本没有任何关联。

"我那时对股票一窍不通，我所认识的人中没有一个人了解股市。这个礼物像电流一样刺激了我。我被迷住了，不仅因为这些股票的价值巨大，而且因为它们的价值和波动背后有吸引我的东西。晚上睡觉时，我把票据藏在梳妆台的抽屉里，第二天早上醒来后，它们的价值可能就已经改变了。如果宾夕法尼亚州迪克西水泥上涨1美元，我就有100美元的收益。"多年后，在自己的回忆录里，斯坦哈特这样写道。

从此，斯坦哈特迷上了股票。他开始频繁地进入布鲁克林的一些证券网点，后来又坐地铁去美林公司的办公室，同那些吸着雪茄的老人一起观看屏幕。"我被它迷住了。"

与此同时，斯坦哈特开始尝试阅读上市公司年报与标准普尔报告，进一步丰富自己的股票知识。不久，他就开始尝试独立买卖股票。

作为小股民，少年斯坦哈特的股票操作，估计也是输多赢少。不过，这些操作进一步激发了他对股票投资的兴趣，也奠定了他一生的职业走向。

从那时起，斯坦哈特就清楚地知道，自己的未来在华尔街。一旦下定决心，他从来没有想过其他的选择。他说："那不是工作，而是一种乐趣。""如果决策正确并得到了回报，观看股票上涨就是一种投机的快乐。"

16岁时，斯坦哈特面临美国高考后的选择。周边的孩子，大部分去了纽约市立大学，他也被其中的一所录取。这些学校离家近，对斯坦哈特这样的高材生还免收学费。这对经济状况一直不怎么好的斯坦哈特来说，当时算是最优选择。

这时候，斯坦哈特的父亲再一次出现。他强烈建议儿子去宾夕法尼亚大学的沃顿商学院读书，如果能考上，学费由他来付。

那时，斯坦哈特还不懂得常春藤名校毕业生的资格对于他未来的人生有多么重要。但对父亲的建议，他还是听取了。赶在招生报名即将结束前，他抓紧申报了这所著名大学，幸运的是，他被录取了。

"在大学里学到最有用的东西是概率知识。在统计学课程中学到如何求出概率分布、如何构造公式等，这些知识为自己后来的股市生涯打下了良好的基础。"谈起大学生活，斯坦哈特说。

在这所学校里，斯坦哈特认识了很多新同学，结识了不少新的犹太朋友，从此，他走入了一个与布鲁克林完全不同的社交圈子。毕业后，他更凭借常春藤名校毕业生的身份进入华尔街，走上了与故乡同龄人完全不同的人生道路。

这一切，首先要归功于人生关键时刻来自父亲的建议。因此，斯坦哈特对自己父亲的感情非常复杂，有儿时缺少父爱的怨恨，更有人生关键时刻得到指导的感激，但直到父亲临终前，他才终于明白，母亲给了自己一个安稳的家，但父亲规划并改变了自己的人生。正是这位四海为家的游侠式犹太冒险家，以其超常的眼光与非凡的胆识，帮助儿子在人生最关键时刻做了最正确的选择。

2．最红分析师荐股，抱得美人归

20世纪60年代，斯坦哈特在3年内读完了4年大学课程，提前从沃顿商学院毕业了。之后，他进入华尔街。这么快毕业，只因为他担心父亲收入无常，学费无法保障，而且早毕业早上班的话，也可以缓解母亲的压力。

进入华尔街之后，斯坦哈特先在卡尔文·巴洛克互助基金里找到一份证券研究的工作，此后在《金融世界》杂志社做了一段时间记者。后来，他又到利布·罗兹证券公司做分析师，能进入这家著名的证券公司，主要因为其沃顿商学院毕业的背景。

这一年，斯坦哈特24岁。这里，成了斯坦哈特的成名之地，更成为他人生与事业真正的起点。

在利布·罗兹证券公司，斯坦哈特干得很愉快。一进公司，他就拿到一份丰厚的薪资，成为故乡同龄人中工资最高的人。更重要的是，他在这里如鱼得水，与上至合伙人下到办公室同事的几乎所有同人，都相处很融洽。

虽然要经常加班，而且有时要熬通宵，但斯坦哈特乐在其中，他是真的喜欢这份工作。

那些看上去枯燥的资产报表，在他眼里往往能生成一幅幅活跃的公司生产运营实景；证监会档案上的注释与参考，能给他带来很多报表以外的信息。在材料与信息的海洋里，他能勾勒出一家家公司的本来面目，并从中享受到工作的乐趣。

一开始，公司安排斯坦哈特研究周期性行业，他经常要到底特律的汽车公司调研。他特别擅长将公司公开披露的信息与实地调研的见闻密切结合，由此准确地推算出标的公司的季报收益。

有一次，斯坦哈特预测了通用汽车的季度收益，结果精确到了美分。这在如今也许不算什么，但在当时是很少见的技巧，也让他非常有成就感。

"通过基本面分析——比如访问管理层和耐心的定量预测——寻找好的投资机会是一个非常让人满足的过程。"多年后，回忆起当年的工作情景，斯坦哈特依然充满自豪。

真正让斯坦哈特走红的是一批喜欢并购的集团企业。其中，他最早调研的一家集团企业叫作海湾西部工业。这家公司的老板叫卢布冬，此人行事古怪，易怒而固执，是一名真正的大亨与赌徒，被称为"疯狂的奥地利人"。奇怪的是，这位粗暴的老板与华尔街来的年轻分析师很谈得来，他向斯坦哈特介绍了自家企业的增长战略，讲述了自己雄心勃勃的收购计划，时而跺脚，时而爆粗口，给当时只有25岁的斯坦哈特留下了非常深刻的印象。

调研回来后，斯坦哈特立即写了一份调研报告推荐海湾西部工业。随后3个月里，这只股票的股价翻了3倍。这次荐股，让斯坦哈特在华尔街分析师圈子里声名鹊起。

紧接着，斯坦哈特推荐了一批以并购作为业务增长战略的集团企业，并率先提出并购带来的"协同效应"。这些股票经他推荐后，股价几乎都暴涨。甚至有的股票因为单边买盘过大，而影响到纽交所次日的开盘。

一时间，斯坦哈特不仅成为利布·罗兹证券公司首席分析师，更成为华尔街最红的分析师。当时，他还不到26岁，称得上是真正的年少成名。

这时候，斯坦哈特已经在华尔街积累了不少人脉，也有了一些积蓄。看着不少客户因为自己的荐股发财，公司也因此赚取大笔佣金，他有了自己创业的念头。

当时，资本市场很红火，不少年轻的分析师与基金经理都有自己创业的想法。斯坦哈特的另两位朋友也有单干的打算，三人一拍即合，共同筹资770万美元，成立了一家对冲基金公司。这家公司以这三人的姓名命名，这就是本章开头提及的斯范博公司。这是他一生独立投资的开始，也是其真正发迹的起点，这一年是1967年。

20世纪60年代中后期，美国经济正在腾飞，斯坦哈特把那个年代称为"一个抢钱的时代"，而华尔街也因此有了"一段兴高采烈的日子"。

因此，斯范博公司的诞生可谓正当其时，公司基金首年获利30%，次年获利84%，而同期标准普尔指数仅上涨6.5%和9.3%。

1969年年底，斯范博公司管理的资本已经超过了3000万美元，三位年轻的合伙人都成了百万富翁。

春风得意马蹄疾。这一时期，斯坦哈特真是喜事盈门。这位年轻的证券分析师，不仅在华尔街声名鹊起、事业有成，还因为才华横溢的荐股表现，赢得一位犹太美女的欣赏，两人结为终生的伴侣。这个姑娘就是他的爱妻朱迪。

说起来，两人还真是结缘于股市。1967年独立创业后，斯坦哈特每天开车去华尔街上班，一路上有几位朋友蹭车，朱迪是其中一位朋友的室友。

有一天，朱迪滑雪时崴了脚，便也搭了斯坦哈特的便车。路上，大家请斯坦哈特推荐几只股票。坐在后座的朱迪，虽然一言不发，却将其中斯坦哈特特别看好的股票告诉了自己的父亲，结果他父亲借此大赚一笔，还给她买了生平第一件皮大衣。

这让朱迪父母很欣赏斯坦哈特的才气，他们希望自己的女儿能嫁给一位像这位才华横溢的分析师一样的青年金融家。而朱迪的美丽大方、端庄雅致，也迷住了斯坦哈特。单亲家庭长大的斯坦哈特很羞涩，但还是大胆与朱迪约会。几次接触后，两人很快坠入爱河。郎有情，妾有意，两人不到一年就谈婚论嫁。1968年4月，斯坦哈特与朱迪在朱迪的家乡举办了婚礼，这段龙卷风般的恋爱终于修成正果。

3．做空"漂亮50"，从熊市脱颖而出

1970年，美国股市崩溃，"抢钱的日子"过去了，这给斯范博公司带来挑战的同时，也带来了在华尔街同行中脱颖而出的机会。

这次股市崩盘，首当其冲的是那些小盘股、新兴成长股。这些上市公司，之前与包括斯坦哈特在内的华尔街的分析师很熟，大家关系处得不错。斯范博公司曾长时间做多这些股票，并因此赚了不少钱。

现在，市场变了，斯范博公司准备做空这些股票。这必然会带来一些人际关系与情感上的冲突。作为公司专门负责交易的人，斯坦哈特认为，这些股票的股价实在被高估太多，有些有技术创新前景，但目前市盈率太高；有些则纯粹是骗子公司，根本不值目前的价位。

以前做多的时候，基金经理与上市公司的高管是朋友；现在做空了，朋友肯定是没得做了，甚至基金经理会成为上市公司的仇人。对于斯范博公司三位年轻的合伙人而言，这是一个理智与情感痛苦纠缠的过程。

为了公司生存，或者说白了，为了战胜对手，斯范博公司在股市崩盘前就差不多卖空了手头的股票。然后，他们就看准一些估值过高的股票开始做空，这些股票绝大多数价位都在 100 美元以上。

促使斯坦哈特下定做空决心的，除了三位合伙人在华尔街多年磨砺出来的经验与智慧，还有一位 1970 年新入职员工的观点。这位新员工就是弗兰克·席鲁夫，在公司里大家习惯称呼他托尼。

斯范博公司的三位合伙人都曾在沃顿商学院学习，公司员工也都是有类似背景的精英。但托尼不同，他虽然来自离华尔街不远的地方，但并未受过很多正规教育，没拿到学位就从城市大学退学，主要靠自学成才，不过他与斯坦哈特一样，极具数学天赋。

之前的团队，包括斯坦哈特在内，大家都太"华尔街"了，在对很多问题或个股的看法上，不自觉地持有类似的观点。而托尼恰恰相反，这是一个特立独行的家伙，从来不按常理出牌，经常持有与市场主流观点不一样的意见。

斯坦哈特之所以招聘这样一个人进来，就是希望公司里能有不同观点的碰撞。在大势走熊的背景下，内部思想越活跃，思维越发散，整个团队就越有朝气，越有活力。

年轻的时候，托尼花了很长时间研究一种预测赛马结果的数学模型，也努力学习了苏联经济学家康德拉季耶夫的长波理论，而长波理论对斯范博公司的投资操作策略影响颇深。

长波理论认为，资本主义经济运行表现为长周期性，这个周期大约为140年，分为三大波段，每个波段又分为上升与下跌两部分，其中1789—1814年、1849—1873年和1896—1920年为三个经济上升时期。

托尼的神奇之处在于，他根据自己的数学模型推算出，这种24年的上升期将重新上演，这就意味着美国经济将在1973年——也就是战后牛市开始24年后反转。

一般情况下，股市总是先于实体经济见顶或见底。这个周期，有时是一年，有时是半年甚至一个季度。按照托尼的推断，美国股市最迟将于1972年年底或者1973年年初见顶。

这个判断与华尔街主流经济学家的观点不一致，甚至完全相反。

当时，美国股市又开始火起来了。从1971年起，在以"漂亮50"为代表的蓝筹股的带领下，美国股市出现一波强劲的上涨。1972年11月14日，道琼斯工业指数收盘站上了1000点。市场一片欢呼，认为又一轮牛市来了。但托尼不以为然，他坚信这是牛市的回光返照，多头的好日子很快就要到头了。这一点倒是很合斯坦哈特的胃口——他确实有点偏爱标新立异的人，只要他觉得有道理，他多数时候都会接受这些观点，而且不关心这些观点是谁讲的、从哪里来的。

不同于做多，做空要有提前量，很多时候都是在股票涨势末期即提前介入，建立空头头寸。因此，在斯坦哈特的主导下，斯范博公司从1972年年初就开始逐步建立空头仓位，到这年年底，他们基本上将手头多头仓位全部清空，转而大肆做空以"漂亮50"为代表的热门蓝筹股。

据斯坦哈特回忆，1972年的整个财年，他们都在做一件"可怕"的事——做空美国"最好"的公司，包括柯达、通用电气、强生、可口可乐、麦当劳等，这些成长性很好、有竞争优势、有优秀的管理团队和很高知名度的公司，拥有长期投资者想要的一切，与传统意义上应该做空的基本面差、竞争力弱、红利少、资不抵债的公司截然不同。

"做空时，我的目标是那些最有名气的上市公司，这些股票最容易被投机过度。"斯坦哈特说，这样做其实还有一个理由，那就是无论是借出股票还是以后买回股票，像"漂亮50"这样的蓝筹股都更容易交易，不会因为流动筹码稀少而无法操作。

提前做空，让斯范博公司1972财年的业绩很不好看。很多知道斯坦哈特提前做空的人，开始嘲笑他们自作聪明，放着这么好的多头行情不做，反而去做空，亏了真是活该！

那段时间，斯范博公司基金业绩不好，投资人的脸色不好看，公司上下全都不好受。

多少个日夜，斯坦哈特与托尼二人，待在公司交易室里，坐在满是残羹冷炙的房间，一边抽烟，一边研究交易。

当时，托尼大概平均8分13秒就抽完一支登喜路香烟，一天可以抽4包；斯坦哈特抽的是比较温和的品牌，不过市场不好的时候他会一次抽两支。大量抽烟，一定程度上缓解了他们高度紧张的精神。

"他不是太聪明就是疯了，"公司有人回忆说，"你不可能一天抽完4包登喜路、喝掉8杯咖啡、在凌晨3点醒来，还并不觉得头昏眼花。"

一边暴饮暴食，一边谨遵康德拉季耶夫的教诲，托尼会毫不犹豫地宣称某只现价80美元的股票明年夏天会跌到10美元。这种大侠式的做派，不是所有的同事都能理解，但斯坦哈特对他有信心。

"在我认识的人里面，托尼是最敢于在极端困难的情况下操作的人，他经常能够预测极端的市场变化。有时候，他确实与上帝有直接的联系方式（如果真有上帝的话）。"多年后，斯坦哈特回忆道。他认为托尼当时在公司里扮演了重要的角色，其他分析师更多的是作传统意义上的贡献。

不管是因为幸运还是某种神秘的力量，托尼对 1973 年市场下挫的预测惊人的准确。从那一年开始，受欧佩克石油禁运与通货膨胀的影响，美国经济走上了将近 10 年的下坡路。

1973 年 1 月 11 日，道琼斯指数最高冲到 1052 点，随后掉头向下，"漂亮 50"开始下跌，这时候再去建立空头仓位就有点迟了。试想一下，上市公司也好，做市商也罢，眼看自家股票股价都下跌了，谁还愿意借股票给你做空呢？

1973 年，斯坦哈特卖空了 10 万股美国最大的建筑商考夫曼—布罗德合伙公司的股票。当时，这只股票处在 40 美元的高位。当这只股票的股价由于利率和通货膨胀交替攀升而崩溃时，斯范博公司大赚了一笔——他们以 20 美元的价格回补了全部空头头寸，后来这只股票最低跌到了 4 美元。

这波熊市虽然没有出现高台跳水式的暴跌，但"慢熊"的杀伤力一点也不小于急跌造成的股灾。日复一日，月复一月，市场持续下跌，到 1974 年年底时，道指最低触及 577 点，距离当初的高点已经下降将近 50%，那些曾经被人追捧的"漂亮 50"的股价早已跌得面目全非。

在这期间，不少经纪人打电话，希望斯坦哈特买回股票平仓。但他拒绝了，继续持有空头头寸，耐心等待更低的价格出现时再平仓。这时候，不要说上市公司高层，就连那些从他手里拿走大笔佣金的经纪人也开始憎恨他，因为在别人都亏钱的时候他在挣钱。上市公司的管理层更是怨气冲天，他们抱怨空头公司把他们的股票搞得一团糟，人们开始说他贪婪、傲慢。

来自周边的这些"羡慕嫉妒恨"，当然给斯坦哈特团队带来不少压力。"做空需要克服自己正站在魔鬼一边与美国、母亲，以及传统价值观作对的怪念头，而且可能的损失是100%。"因此，斯坦哈特被《福布斯》称为"饱经风霜的空头"。

这一次的逆势而为，开创了斯坦哈特投资生涯的第一段传奇。

当"漂亮50"倒下的时候，绝大多数当红机构基金经理损失了50%左右，有的甚至达到80%—90%。而斯范博公司为投资人交上了一份漂亮的答卷。1973年，道琼斯指数持平，斯范博公司盈利15%；1974年，市场下跌38%，他们盈利34%。

"对于基金经理来讲，在大家都赔钱的时候还能给他的投资人挣钱的感觉是最美好的，这是高度的职业满足感。"斯坦哈特坦言。

当时，有人在《财富》上列出了30家对冲基金，并讨论了大部分基金正在经历困难时期，最高缩水了70%。10年后，斯范博基金成为那个名单中唯一活下来的一家。可见，这波下跌对市场的打击有多大。

1974年年底，道琼斯指数最低跌到577点。此时，看空情绪彻底主导市场，已没多少人敢持股了。

多头不死，空头不止。当市场已找不到多头时，市场可以说终于见底了，正如斯坦哈特所言："当全世界的人都只愿意买国债的时候，你就可以闭着眼睛做多股票了。"

这一次，斯范博公司几乎完美抄底，在此之后的一个月时间里，他们把持仓结构从-55%变成了35%，这无疑是一个从空到多的巨大反转。之后的反弹，让他们很轻松地又赚了一把，整体盈利超过30%。

对于这段做空经历，斯坦哈特终生难忘。20多年后，斯坦哈特准备金盆洗手，在接受《华盛顿邮报》采访时他还感慨万千："多年以来，最困难的事情就是鼓起勇气去挑战时下的主流思想，去形成跟主流不同的观点，然后去赌这个观点。难点在于投资人不应该用对自己业绩的评价来衡量自己，而是应该用市场的公正指标来衡量。市场有着自己的衡量标准。从短期的、情感的角度来讲，市场永远是正确的。因此，如果你持有不同的观点，在一定时期内，你肯定会遭到市场表达出来的传统智慧的攻击。"

4．押宝债券，借杠杆投资获暴利

经历了近 10 年的风风雨雨后，到 20 世纪 70 年代末，斯范博公司的另两位合伙人先后出去独立创业了，因此，跨入 20 世纪 80 年代时，斯范博公司最终变成了斯坦哈特投资公司。这时候，真正成为老大的斯坦哈特，开始独自迎接资本市场的挑战。

独立当家不久，债券市场迎来一波绝佳的投资机会。

当时，盘旋上升的通货膨胀率及其带来的调控，导致美国联邦政府出现巨额财政赤字——足以消耗这个国家 2.5% 的 GDP。美国长期国债利率从 1980 年的 10% 涨到 1981 年 9 月的 16%，短期利率则涨到了 17%。面对来势凶猛的通货膨胀，时任美联储主席鲍尔·弗尔克试图通过以调整利率为主的货币政策来抑制，但收效甚微。

此时，华尔街主流经济学家认为，历史性高利率和飞奔的通货膨胀率将会延续，因此，他们集体看空债券。与此同时，油价已经在高位，而人们预测它会继续上涨。这些人中，以人称"厄运博士"的所罗门兄弟公司首席经济学家亨利·考夫为首。

不过，斯坦哈特却不这么看。他认为，眼下的通货膨胀是暂时的，经济很快会以超过人们预期的速度下滑，进而导致利率的良性下降。因此，债券将迎来一波极佳的投资机会，比包括股票在内的其他品种投资机会都大得多。

因此，斯坦哈特开始买入债券。他不是简单地买入，而是利用财务杠杆买入，或者说他借钱买入，这样就增加了风险。

这时候，斯坦哈特旗下有两只对冲基金，一只属于旗舰基金，另一只属于美国之外注册的斯坦哈特合伙人公司。这两只基金管理着7500万美元资产，根据斯坦哈特的计划，这两只基金将投入5000万美元，再借贷2亿美元，累计买入2.5亿美元的10年期国债。

之前，在股市投资上，斯坦哈特可谓功成名就，但他从未涉足过债市。因此，作为债券市场里的新手，从任何角度来看，他都在进行一场豪赌。

斯坦哈特看准了这是一次难得的机遇，他相信自己的判断是正确的，但他在债券市场确实没有经验，甚至不懂它的机制和语言。

很多投资人对他提出了疑问。"你懂债券吗？"有投资人说，"我把钱给你是让你投资股票的，不是买国债。"

这样的抱怨声不绝于耳，一位加拿大客户甚至威胁说要起诉斯坦哈特，不少客户直接要求赎回自己的基金份额。

在著名的麦肯锡&波士顿咨询集团，当斯坦哈特面对其投资委员会试图阐述投资国债的理由时，甚至遭到了一众投资者的围攻。"你是一个股票投资人，我们委托你管理股票，你不能购买国债。"会后，他们立即赎回了投资。

多数人认为美国利率继续上升，债券要贬值，而斯坦哈特以4倍的杠杆做多债券，加上许多投资人不满，这场豪赌给他带来巨大的精神压力。

更糟糕的是，随后几个月，市场没有顺着斯坦哈特预测的方向前行，而是向不利的方向发展，基金账面上一度亏损1000万美元。这更是雪上加霜，让他非常受煎熬。

那段时间，每个星期五下午，斯坦哈特都焦急地等待美联储宣布货币供应数字，特别是M1、M2。作为债券多头，他当然希望货币供应不再增长，这意味着经济增速变缓甚至下滑。

为了更直观地观察分析经济变化的蛛丝马迹，斯坦哈特甚至建立了一个纽约出租车指数，借此反映"空车"出租车比例。他希望更多的车亮起"空车"灯，以此证明经济不景气，市场需求减少。

压力实在是太大了。为了减轻压力，斯坦哈特决定给自己放几天假，带妻子朱迪出去旅游几天，借此松口气。

令他高兴的是，就在旅游期间，市场形势出现重大变化。几乎是一夜之间，市场利率开始下降，债券的价格上涨，斯坦哈特公司旗下基金的业绩开始飙升。接下来，债券市场持续上扬，当他们获得 60% 收益的时候，斯坦哈特的满足之情溢于言表。这是斯坦哈特金融生涯中最幸福的时刻之一。

这轮债券豪赌，斯坦哈特投入了 5000 万美元本金，杠杆收益 4000 万美元，收益高达 80%。1981 年 9 月 30 日，财年结束时，斯坦哈特基金收益率达到 10%，而标准普尔 500 指数同期则下降了 3.5%。

事实证明，斯坦哈特是正确的。

尽管一路上丢掉不少重要客户，但他感受到了与多数人意见对赌的快乐，更重要的是，他从此找到了一个新的投资工具。不久之后的 1984 年，他再次在债券市场加杠杆投资，买入 4 亿美元中期国债，结果不到 3 个月就赚了 2500 万美元。

5. 归去来兮，华尔街短线之王

从 20 世纪 80 年代起，斯坦哈特开始独自带领团队在资本市场上打拼。从那时起，到 1995 年第一次退休，这十几年间，虽然曾经遭遇 1987 年与 1994 年两次重大挫折，但总体来看，他依旧创造了华尔街一流的投资业绩。

1995 年，55 岁的斯坦哈特决定"解甲归田"。这次他突然决定退出，与前一年基金投资出现重大失误以致当年亏损 29% 有关。虽然 1995 年他就将这些损失捞回来了，但他无论是身体还是心理都深深感到疲倦。"这项事业就是我的生命，但天下没有不散的筵席，是时候翻开我人生的下一篇章了。"当年的 10 月 11 日，在公司全体员工大会上，斯坦哈特动情地与员工们告别。

"我从小在纽约一个中下层犹太社区里长大，赚那么多钱，也不知道怎么花。钱对我来说不是很重要，我真正感兴趣的还是做最好的基金经理，拿最好的业绩给我的投资人。"接受《福布斯》采访时，斯坦哈特坦言，"如果不能成为最好的资产管理人，那就干脆不做。"

从 1967 年创业开始，在长达近 30 年的投资生涯中，斯坦哈特的业绩在整个行业中遥遥领先，连续 28 年平均收益保持在 24.5%（扣除 20% 管理费用和奖金）。

统计数据显示：1967 年投资斯坦哈特的基金 1 美元，到 1995 年他隐退时已经变成了 481 美元，而按同时期的标准普尔涨幅，这个数字只有 19 美元。一位来自芝加哥的名叫理查德·古柏的早期投资人告诉《时代周刊》，当年他在斯坦哈特公司投资了 50 万美元，在斯坦哈特退隐时已经变成了 1 亿多美元。

毋庸置疑，斯坦哈特以自己超人的才智，创造了华尔街的又一个投资传奇。

除了一流的战绩，斯坦哈特留给华尔街最深刻的印象还是他"短线之王"的名号，他被称为是世界上最具实力的"短线杀手"。

对于斯坦哈特这样一个短线投机者来说，当下正在发生或近期将要发生的事情才重要。"我有四五位交易员负责和 80—90 个卖方打交道，这样可以在最大限度利用华尔街的信息。如果只做长线交易，我不可能取得这样的成功。"斯坦哈特说，"我总是见好就收。对我来讲，参与市场只是想获取正确决策的满足感，从投入到成功的时间越短，满足感越强。"

这一点，与劝导人们长期投资的股神巴菲特恰好相反。

巴菲特曾经说过："如果一只股票你不肯持有10年，那么就别考虑持有10分钟。"对此，斯坦哈特表示："我从来没有持有任何一只股票达10年之久，但我有过持有一些非常好的公司股票10分钟的特殊经历，而且获利不错。"

在投资的路上，沿途风景中的诱惑从不会停止。短线操作需要高频率地更新投资组合，以追求最大化的投资收益，无论是选择标的，还是决定买卖时机，都要比长线投资的难度大得多，给操作者的压力当然也要大很多倍，特别容易带来情绪失控。正因为如此，斯坦哈特的脾气在华尔街那是出了名的暴躁。

一次，公司唯一一个低风险的组合中包含了一只被错误定价的债券，斯坦哈特得知后，当即严厉训斥了那位负责的投资经理。

"我现在只想找个地洞钻下去。"那位投资经理羞愧地说。

"那我拭目以待。"斯坦哈特冷冷地回答。

一名曾在斯坦哈特公司待过的同事说："迈克尔的脾气没有上限，后来终于迫使我离开了。即使一条狗我都不会这么对它。"这句话可能言重了，但斯坦哈特公司员工流失率确实非常高，以致有人戏称，斯坦哈特公司是华尔街的西点军校，为好多同行发现与培养了大批人才。

如果只是脾气火爆，斯坦哈特不可能拥有自己高效的投资团队，更不要说在将近30年的时间里，一直保持超人的业绩。事实上，在公司内部，斯坦哈特脾气虽然大，但都是就事论事，不会扯住不放。对于真正有才华的人，比如托尼，他是非常信任而且宽容的。此外，斯坦哈特对员工一直很大方，只要公司业绩表现尚可，年终都会给员工发很大的红包。

不过，当员工能说服这位"独裁者"时，斯坦哈特"下注"的气魄往往远超过员工的预期。在一本有关斯坦哈特的书里，就记载了这样一个故事：

20世纪80年代，在斯坦哈特的公司工作的约翰·拉弗尔回忆了他工作的第一个礼拜。他去了IBM公司一趟，并带回其利润会上升的消息。在公司星期一早晨的会议上，拉弗尔推荐在周五的季度报告出炉之前买入IBM公司的股票，但斯坦哈特反对。他盯着股票行情指示器，嘟囔着说IBM的价格摇摆不定，他有种不祥的预感，觉得这只股票会无所作为。

"迈克尔，我觉得你错了。"拉弗尔说。尽管对斯坦哈特提出反对意见需要勇气，但拉弗尔很有底气，觉得自己能说服他。

"我讨厌这只股票。"斯坦哈特说。

"迈克尔，我不管它从指示器上看起来怎么样，但这只股票肯定会涨，不会错的。"

斯坦哈特的逆向思维开始闪现："那么你准备买多少？"

"10000股怎么样？"拉弗尔决定冒险。以每股365美元计算，在一只股票上投入365万美元应该差不多是上限了。

斯坦哈特接通交易员的电话，要求对方立即买入25000股IBM的股票。

"迈克尔，我说的是10000股！"拉弗尔着急地说。

"你对你的狗屁观点有多大把握？"斯坦哈特问。

"我很有把握。"

"你最好判断得对。"斯坦哈特面无表情地说。他又接通了交易员的电话，另外买入了25000股。

这笔交易使斯坦哈特持有了价值1800万美元的IBM股票，大约占了他总资产的 1/4。将赌注压在一只股票上风险很大，而斯坦哈特买入了拉弗尔所推荐的 5 倍的数量。

不过当周五 IBM 的季度报告出来的时候，股票上涨了 20 点，这立刻为公司创造了 100 万美元的利润。拉弗尔顺利过关。

这一点，倒是与金融大鳄索罗斯非常相像。"不做小投资，人的时间和精力有限，冒险投资的时候，要确保回报足以补偿支出。"这已成为斯坦哈特的投资原则。

充满戏剧性的是，2005 年，在休息了 10 年之后，不甘寂寞的斯坦哈特又重新杀回华尔街，执掌智慧树基金公司，专做交易所交易基金和各类对冲投资。不到一年，基金规模从零增长到 10 亿美元。

公开信息显示，到 2018 年年初，斯坦哈特的资金管理规模超过 400 亿美元。看来，这位犹太投资家没有成为华尔街过气人物，而是真的宝刀不老。

附录1　迈克尔·斯坦哈特的做空策略

（1）大胆应用独到的测试理论

身处对冲基金时代，靠个人灵机一动在市场赚钱的时代已经过去。要想在中长期战胜市场，必须有一套观察、分析、预测市场走势的理论体系。这是对冲基金做空制胜的首要条件。这个理论体系不一定是投机家自己发明创造的，可以借用外脑，也可以是自己的优秀员工。

斯坦哈特的幸运在于发现并大胆引进托尼这样的天才式投资家，信任并大胆实践了这个天才观察分析美国经济走势的周期理论。不管是因为幸运还是某种神秘的力量，托尼对1973年市场下挫的预测惊人的准确。从那一年开始，受欧佩克石油禁运与通货膨胀的影响，美国经济走上了将近10年的下坡路。

"在我认识的人里面，托尼是最敢于在极端困难的情况下操作的人，他经常能够预测极端的市场变化。有时候，他确实与上帝有直接的联系方式（如果真有上帝的话）。"斯坦哈特认为，托尼当时在公司里扮演了重要的角色，其他分析师更多的是作传统意义上的贡献。

（2）敢于挑战市场主流观点

过往经验证明，做空者往往不讨市场喜欢，他们的观点常常不合时宜。这对于做空者的心理、意志以及情感，都构成了巨大考验。优秀的投机家，无一不是战胜这种考验并最终脱颖而出的坚韧之人。再好的理论、再敏锐的观点，如果不能扛住压力付诸实践并坚持下去，那也毫无用处。

作为市场著名的空头，来自周边的"羡慕嫉妒恨"，经常给斯坦哈特团队带来不少压力。"做空需要克服自己正站在魔鬼一边与美国、母亲，以及传统价值观作对的怪念头，而且可能的损失是100%。"因此，斯坦哈特被《福布斯》称为"饱经风霜的空头"。

"多年以来，最困难的事情就是鼓起勇气去挑战时下的主流思想，去形成跟主流不同的观点，然后去赌这个观点。难点在于投资人不应该用对自己业绩的评价来衡量自己，而是应该用市场的公正指标来衡量。市场有着自己的衡量标准。从短期的、情感的角度来讲，市场永远是正确的。因此，如果你持有不同的观点，在一定时期内，你肯定会遭到市场表达出来的传统智慧的攻击。"

（3）瞄准最有名气的上市公司

"做空时，我的目标是那些最有名气的上市公司，这些股票最容易被投机过度。"斯坦哈特说，这样做其实还有一个理由，那就是无论是借出股票还是以后买回股票，像"漂亮50"这样的蓝筹股都更容易交易，不会因为流动筹码稀少而无法操作。

一旦看准了，要敢于重仓出击。这一点，斯坦哈特倒是与金融大鳄索罗斯非常相像。"不做小投资，人的时间和精力有限，冒险投资的时候，要确保回报足以补偿支出。"这已成为斯坦哈特的投资原则。

（4）不拘泥于任何交易风格

巴菲特曾经说过："如果一只股票你不肯持有10年，那么就别考虑持有10分钟。"对此，斯坦哈特表示："我从来没有持有任何一只股票达10年之久，但我有过持有一些非常好的公司股票10分钟的特殊经历，而且获利不错。"

作为华尔街的短线之王，斯坦哈特从来不故步自封。他说："我将我的角色看成是利用一切可行的手段，尽可能获得最佳的资本回报，而不是拘泥于一种特殊的交易风格。我每天都问自己的风险报酬率是否符合要求。我基于基本面的长期前景选择长线投资品种，不过这并不意味着我必须持有这些头寸到一定的时间。"

当然，这样的短线操作非常考验首席投资官的情商、智商与心理承受力，因此，斯坦哈特投资生涯中大部分时间给公司员工的感觉都是暴躁易怒，这种情绪甚至影响到家庭氛围。所以，这样长期战胜市场的短线玩家，绝非普通人所能企及。

附录2　迈克尔·斯坦哈特的人生轨迹

1940年，迈克尔·斯坦哈特出生于纽约布鲁克林区的一个珠宝商家庭。

1941年，斯坦哈特1岁时，父母离异。他的父亲没有给他留下现金，而是在他的成人礼上给了他100股迪克西水泥公司股票和100股哥伦比亚天然气公司股票作为补偿。

1953年，13岁的斯坦哈特开始着手研究交易报道，跟踪财经媒体上所载的那些股票价格。

1956年，斯坦哈特考入宾夕法尼亚大学沃顿商学院。

1959年，斯坦哈特提前毕业。

1960年，他在卡尔文·巴洛克互助基金里找到一份证券研究的工作，从而开始了他在华尔街的传奇投资生涯。

1967年，斯坦哈特在利布·罗兹证券公司做首席分析员，其间认识了法因和贝科斯兹，三人一拍即合，共同筹资770万美元成立斯范博投资管理公司。

1969年，公司的资本已经超过3000万美元，三位合伙人都变成百万富翁。后来，法因和贝科斯兹相继离开，斯坦哈特独自管理公司基金，依然战果斐然。

1973年，斯坦哈特卖空了10万股美国最大的建筑商考夫曼—布罗德合伙公司的股票，当时这只股票处在40美元的高位。后来，他们以20美元的价格回补了全部空头头寸，后来这只股票最低跌到了4美元。

1981 年，斯坦哈特确信美联储将下调利率，中期国债将有大的涨势。于是，斯坦哈特用旗下基金掌握的 5000 万美元现金为权益金购买了价值 2.5 亿美元的 10 年期美国国债，等待利率下调，最终赚了 4000 万美元。

1983 年，斯坦哈特以 117 美元的价格买了 80 万股 IBM 的股票，在接近 132 美元的价位卖出，净赚了 1000 多万美元。然后，在股价达到顶点时，他又卖空了 25 万股，并在股价跌到 120 美元时平了仓，又赚了几百万美元。

1984 年年末，他购买了 4 亿美元的中期政府债券，其中大部分钱仍是利用杠杆借来的，这次仍然是赌利率下调，结果赚了 2500 万美元。

1994 年，在债券市场危机中，斯坦哈特及其手下的基金持有 300 亿美元的债券多头头寸，但是美国联邦储备局因本国经济强劲加息 0.25%，使欧洲不得不跟进，斯坦哈特遭遇他人生最大的滑铁卢，一夜之间损失 13 亿美元，其基金收益下跌 30%。

1995 年，斯坦哈特将基金收益又做回到 26%，但他厌倦了市场买空卖空，关闭了自己的公司，全身而退，当时公司共有资产 26 亿美元。

2005 年，在休息了 10 年之后，斯坦哈特又重新杀回华尔街，执掌智慧树基金公司，专做交易所交易基金和各类对冲投资。不到一年，规模从零增长到 10 亿美元。

2018 年年初，斯坦哈特旗下基金管理规模超过 400 亿美元。

第三章

吉姆·罗杰斯：

做空日本！拉开"失去的十年"序幕

1990 年 1 月，一年一度的《巴伦周刊》投资圆桌会议上，华尔街基金精英围坐一堂。

作为投资大师索罗斯曾经的最佳拍档，华尔街最成功的投资家之一吉姆·罗杰斯也欣然赴会。

会上，罗杰斯表示，现时正是做空日本股市的良机。

"日本股市的市场宽度极度恐怖，只要查看一下日本公司的股价走势图就可以发现，很少有哪家公司的股价真的上涨。这一情况极像 1987 年的美国股市。我所知道的是，如果我赚的钱都是靠卖空赚来的，那一定是出了问题。"

之前，罗杰斯也曾公开看空日本。他在这一次精英云集的聚会上的发言，更让全球投资者意识到日本股市问题严重，做空日本股市的浪潮开始兴起。消息传到日本，当地的证券业同人却很不服气，认为罗杰斯的分析没有考虑日本经济与企业的一些特殊制度要求，股市实际情况没有他说的那么差。

谁是谁非，市场走势说明一切。

1990 年 2 月 19 日，星期一，一个看上去很平凡的交易日。当天，日经指数下跌 0.63%。这个跌幅并不大，在 K 线图上看来却是很"不吉利"的断头铡刀。第二天，日经指数果然跳空低开，继续下跌，之后就如高山流水，一泻而下。

从此，日经指数一去不回头，不仅连续下跌十几年，而且迄今没能回到当时的高点。

因此，国际上不少人都认为：正是罗杰斯的这一次圆桌谈话，刺破了日本股市的泡沫，拉开了日本"失去的十年"的序幕。

1．父子贩运牛肉遭遇崩盘

俗话说，三岁看老。这一点，在罗杰斯身上体现得非常明显。这个来自美国亚拉巴马州偏远小镇平民家庭的孩子，从小便对商业环境有着超常的敏感度，青少年时期即体验了投资的酸甜苦辣。

罗杰斯家附近有个棒球场，场地边有个卖冷饮的老太太。不少大一点的孩子，都会在棒球场看台上回收饮料瓶，卖给老太太换点零花钱。

5岁那年，夏季棒球赛季来临时，罗杰斯也加入了捡可乐瓶的队伍。他与卖冷饮的老太太协商，对方答应以每24个空可乐瓶售价5美分的价格照单全收他所有的"战利品"。

"那时，最大的愿望就是盼着看比赛的人们多喝几罐可乐，这样我就可以在那位老夫人的赞许声中展示更多的'战利品'。"后来回忆起这段经历时，罗杰斯说。

6岁时，罗杰斯发现棒球场隐藏着一个商机——有人卖饮料，但没人卖零食，比如花生。于是，在父亲的帮助下，他争取到了在少年棒球联赛赛场上卖花生米和饮料的特许专营权。罗杰斯从父亲那里"借"了100美元作为启动资金，开了自己的第一个银行账户。买了烤花生的机器与小推车后，他开始了一生中的第一次创业。

穷人的孩子早当家。虽然"小鬼当家"在美国是普遍现象，但像罗杰斯这样，从五六岁起就尝试独立做生意赚钱的，毕竟是少数。作为家里孩子中的老大，罗杰斯从幼年就开始创业，这不仅培养了他敏锐的市场感觉，更磨砺了他克服困难战胜挫折的意志与心态。

1953年，罗杰斯11岁，他遭遇了创业生涯的第一次大挫折。此时，他已经还清借父亲的100美元，账户里还有100美元。这算是他个人的全部财产。

当时，受到朝鲜战争的影响，市场上牛肉价格直线上升。不少人从乡下农民手中买下刚出生不久的小牛犊，交给专门饲养牲畜的农场主或者农民养至出栏，然后拿到牲畜交易市场上拍卖，一次大约有 10% 的利润。那些专门代养牛犊的公司，每家生意都好得出奇。

看着别人贩牛很赚钱，罗杰斯父子也参与进去，买了一批牛犊让别人养，打算半年后高价转卖出去。可是，他们进场太晚，父子俩只想到赚钱，却没考虑到这些，一头扎进本已过热的市场，结果高位接盘。

当年 7 月，朝鲜战争各方签订停战协议，牛肉价格暴跌。圈养的牛犊长大后无人问津，罗氏父子只能忍痛低价转手出售。

对罗杰斯来说，这次失利的教训可谓刻骨铭心。他不仅失去辛辛苦苦赚来的 100 美元，更深刻地体会到，投资不容易，如果事先不做充分调查，钱不会从天上掉下来。在之后的投资生涯中，他一直牢记这一理念。

生活在偏远地区的罗杰斯父子，当时想不明白究竟是什么原因引发了 1953 年牛肉价格的暴跌。其实，《时代周刊》的一篇文章说得很清楚：中间环节层层加码、战争因素、人工成本上升，以及消费者口味的升级换代等因素，最终推倒了一度高得惊人的牛肉价格的多米诺骨牌。

20 年后，当罗杰斯看了一本附有商品价格走势图的书后，他才明白当年父子俩投资失败的原因。"如果我那时看了有关商品价格走势的书，肯定不会在那么高的价位进入市场！"每每回忆起当年和父亲经营小牛犊生意的情景，罗杰斯总是禁不住感叹。假如时光能够倒流，他绝对会劝阻父亲不要铤而走险。

1959 年，罗杰斯作为德莫普利斯地区的代表前往加拿大多伦多，参加"国际钥匙俱乐部"年会，与各地会员进行了短暂交流。那是他第一次出国，因此，多伦多之旅让他见识到一个完全不同于家乡小镇的精彩世界，一股急切地想感知世界的欲望从此成了他后来周游世界的动力。

从加拿大回来，罗杰斯就开始紧张地准备美国高考。他申请了两所大学，一所是耶鲁大学，美国常春藤联盟的名校之一，另一所是创建于19世纪50年代末的田纳西州塞沃尼的南方大学。这两所大学都有丰厚的奖学金。最后，他以当地高中第一名的成绩，被著名的耶鲁大学录取。

大学毕业那年，22岁的罗杰斯在华尔街开设了人生第一个股票账户，并以每股350美元的价格买了一点IBM股票。当时，他已经在华尔街多米尼克证券合伙人公司做暑期工。

"我对市场的探险始于1964年春天，那时我即将从耶鲁大学毕业。就像当年前往常春藤联盟那样，我毫不犹豫地前往华尔街探险。"多年后，罗杰斯在自己的著作《街头智慧》中写道。

暑假打工期间，罗杰斯是多米尼克证券公司的助理分析师，工作是撰写上市公司研究报告。这段工作经历，对他未来的职业生涯非常关键，可以说，正是在这里，他真正认识到了自己未来该学什么、做什么。

当时，MBA文凭风行华尔街。作为一个文科生，罗杰斯曾认真考虑过是否要读MBA，以便将来找工作时有一块更好的敲门砖。但多米尼克的一位高级合伙人告诉他："你在这里做空一手大豆所学的东西，比在商学院里干耗两年所学的书本知识强100倍！"这让他很快放弃了这种想法，坚定了去牛津读历史专业的信心，而投资市场的瞬息万变更令他认识到实战经验远比纸上谈兵来得深刻而真切。

后来，有人曾向罗杰斯请教挖掘潜力股的秘诀，他反复强调："你必须要看懂数字，数字能告诉你一切答案。你最好能多读读历史和哲学，它们会帮助你更加清晰地认识这个世界万事万物之间的关联。最重要的是，要学会自己判断，听自己内心的声音。"罗杰斯的这话没错，他后来在牛津大学主修的是哲学、政治和经济，对这些学科的研究教会了他如何去发现大多数人视而不见的赚钱机会。

在多米尼克证券公司，罗杰斯曾参与了为数不多的交易。从这些交易中，他确信，自己未来的职业方向就在国际金融领域。"交易的无穷魅力在于下单前后那一刻的变化，无论盈亏都在这一分钟内发生改变，世界上再没有比这更不可思议的事情了！"

"在华尔街只有足够聪明和勤奋的人才能赚到大钱，但能否一直拥有财富可就是另一回事了。江湖险恶，华尔街上什么事情都可能发生。那些声名显赫的公司一夜之间倒闭的例子不胜枚举，必须要随时保持谨慎和警醒才能与财富为伴。"多米尼克证券的另一位高级合伙人的独到见解，让罗杰斯受益终生。他要做那个足够聪明和勤奋的赚大钱的人，他还要保持谨慎和警醒，守住自己已到手的财富。

实习结束时，他卖掉了手中为数不多的 IBM 股票。尽管仅赚了一点点，但这样的成绩足以令初涉股市的罗杰斯感到欣喜。此后，罗杰斯以这种半工半读的方式，完成了在牛津大学两年的学业。

1966 年，罗杰斯从牛津大学历史系毕业。两年后，他在华尔街找到了第一份投资分析的工作，年薪是 1.2 万美元。

不过，历史系毕业生从事股票行情分析真的是一件很不可思议的事情。大多数从事上市公司调研的人都有财务、会计学历背景或者相关工作经验。虽然罗杰斯的数学成绩很好，但他对股票的认知几乎是一张白纸，甚至分不清股票和债券之间的区别。

在华尔街，另一位传奇的文科生是彼得·林奇，他被称为"美国历史上最传奇的基金经理人"，在波士顿大学选修了历史、政治、心理学，甚至还有玄学、宗教和古希腊哲学。

正是罗杰斯与林奇的从业经历，打破了华尔街上清一色的 MBA 把持职业天花板的惯例。

2. 做空石油，成双星绝唱

1970 年，美国股市崩盘，华尔街一片萧条。

这一年，许多金融人士失业，其中，有不少像罗杰斯一样拥有名牌大学背景的基金经理人和证券分析师。艰难岁月里，29 岁的罗杰斯也在不断寻找下家，摸索着职业发展的方向。

这期间，"大学计算"的败局对他打击很大。当年 7 月，他在 48 美元时卖空"大学计算"，然后等待市场再度下跌。可是，市场并未如他所愿，相反，开始疯狂反弹。8 月份时，这只股票的股价已经涨到 60 多美元。

股票经纪人不断给罗杰斯打电话要求追加保证金，他不得不一次次补仓。那段时间，他心中充满焦虑，几乎每夜都会在噩梦中惊醒，他一次次问自己：要不要将"大学计算"的空头平掉？到了 9 月，不断补仓已让他"弹尽粮绝"，最终在 72 美元时被迫平仓。至此，6000 美元像空气一样迅速蒸发了。

这次失败让罗杰斯痛苦了很久。当时，6000 美元对他来说可不是小钱。

他告诫自己，再也不要被市场一时的涨跌所诱惑，无论什么时候都要保持绝对的冷静，不要冲动进场。同时，他也深刻意识到，要想赚大钱，不是靠个人的一点钱短炒，而是争取成为对冲基金经理人，这样可以中长期布局，还可以多空同时操作。

好马不吃回头草。不过，罗杰斯这次决定去曾被自己拒绝的一家公司再试试运气。这家公司名叫阿尔霍德 - 布雷奇罗德合伙公司（A.S.B 公司），当时面试他的主管就是后来大名鼎鼎的索罗斯。

这年冬季的一天，罗杰斯上门去找索罗斯，为他当初断然拒绝后者的鲁莽行为道歉。

未来的大师本就自命不凡，不料却被一个偏远小镇过来的毛头小伙子给拒绝了，当然觉得自己很丢面子。因此，一开始，看到登门道歉的罗杰斯，索罗斯并不领情，并为当初的难堪愤愤不平。

人到中年的索罗斯，看上去很严肃，脸上没有一点喜悦之色，正像有人曾描绘的那样，"一个热烈、有着抬头纹的健硕男人，尖下巴、薄嘴唇。他的头发修剪得像一把纤毛刷，嗓音单调刺耳"。他的英语发音有明显的匈牙利口音。

这时，有求于人的罗杰斯没有知难而退。相反，他机智地迂回进攻，和索罗斯谈起当时的市场。谈到市场，索罗斯的兴趣马上来了。他很快发现，罗杰斯和他的投资理念在某种程度上很相似。同事好找，知音难寻。索罗斯当时正需要这样的助手，于是他再次向罗杰斯发出邀请。

人的命运有时候不仅取决于自己的努力，而且取决于你的领导或伙伴。当时的罗杰斯也没有想到，这一次求职，不仅找到一份心仪的工作，而且认识了一位未来的大师，更为两人未来的合作奠定了基础。

1971 年新年伊始，罗杰斯开始了在这家公司上班的日子，他的主要工作是投资分析师和索罗斯的助手。

工作来之不易，罗杰斯非常珍惜。他深知，自己不是含着"金汤匙"出生的，在商学院与 MBA 文凭泛滥的华尔街，他一个南方偏远小镇来的穷小子，在这条街上找不到属于自己的"族群"，唯有靠勤奋和智慧才能"过上好日子"。

早上 6 点，在 BBC 新闻播报声中罗杰斯就起床了。吃完早点，他就坐地铁去与华尔街毗邻的宽街 30 号办公室上班。有时，他也会直接骑摩托车"飞"向办公室。他工作时很努力、专注，每天工作十五六个小时，"工作没有完成前，对其他事情都视而不见"。

这让索罗斯非常满意，他很快对罗杰斯的勤奋与分析能力刮目相看。提起 A.S.B 公司时期的罗杰斯，索罗斯回忆说："他一个人干了 6 个人的活！我从没见过这么精力充沛的家伙！"

1973 年，索罗斯准备自己单干，在寻找合伙人时，他首先想到的就是罗杰斯。这一年，两人共同创建了索罗斯基金（后改名为量子基金）。那一年，41 岁的索罗斯已享誉华尔街，罗杰斯则还是默默无闻。

接下来的 7 年间，罗杰斯和索罗斯的合作总体上很愉快。

在办公室，两人平时各忙各的，有事便随时交流。碰到大的交易，两人会一起讨论一下。要进入新领域，两人会齐心投入，仔细调研，及时沟通。

从创业一开始，他们就极其重视信息收集工作，办公室里至少有1500 份美国各公司的资料和海外市场近期的热点文件。他们还订阅了 30多种出版物，从《肥料溶液》到《纺织品周刊》，追踪各个行业的发展脉络和最新动向。

"你肯定很惊讶了解社会大众和文化趋势到底有多重要，我们有一次的投资灵感居然就是从《新共和周刊》上得来的。"后来，在一次采访中罗杰斯得意地告诉《华尔街日报》记者。

罗杰斯有一个独门秘籍，那就是对公司的调研分析。每逢关注一家公司，罗杰斯会潜心研究各种数据报告和资料，禁止任何人打扰。这时候，他基本上不与人交谈，认为这会扰乱他的思绪，让他不能正确地判断一家公司真正的价值。

外出参加活动时，罗杰斯基本上"沉默是金"，他几乎从不主动和其他分析师谈论股票。"他们总是随大流，每当你告诉他们事情发生了变化，他们不仅不相信你，反而对你说的任何证据都嗤之以鼻。"《机构投资者》是当时很权威的投资期刊，其评选的"全明星调研团队"很有影响力。有人曾问罗杰斯，这些人对他的研究有何帮助。"全明星调研团队是做什么的？我还从来没听说过这个词。"他很纳闷地反问。

在选股方面，罗杰斯是典型的宏观趋势交易者，这一点，他与索罗斯高度一致。

他不是非常关心具体公司的盈利，而是更关注社会、经济、政治和军事等宏观因素对行业及相关公司的影响。在准确把握宏观趋势之后，如果某行业内公司的股价与预期价格相去甚远，就表明其盈利潜力巨大，罗杰斯此时就会大量买入。这一点，在军工企业上表现特别明显。

量子基金成立不久，罗杰斯就敏锐地发现一个即将井喷的行业——军工业，他兴奋地告诉索罗斯："我发现了一条以前从未关注的大鱼。"

当时，美国飞机和军用设备制造巨头马丁·洛克希德公司业绩大幅下滑，市场谣传其即将破产，股价甚至跌破净资产，只有2美元。但是，罗杰斯不这么看。

他认为，美苏争霸正酣，从国际政治大局来看，美国政府不会眼睁睁地看着这家军火巨头破产，肯定会出手援助，因此，其股价大跌的当下，正是捡便宜货的好时机。于是，在其他投资者大肆抛售时，量子基金反其道而行之。不久，美国政府果然出手援助，马丁·洛克希德公司股价从2美元猛蹿至120美元，罗杰斯的收益可想而知。

依靠独立思考和判断，索罗斯与罗杰斯这对黄金搭档几乎成了华尔街不败的神话，量子基金也成为业内明星。20世纪70年代，这家基金10年间投资回报率为4200%，同期标准普尔500指数仅上涨47%。

天下没有不散的筵席。1980年，罗杰斯带着1400万美元退出了量子基金，这一年他38岁。大师间的龃龉，不足为外人道也，好聚好散才是让人艳羡的地方。多年来，关于索罗斯，罗杰斯一直不愿再多说。

不过，分开前夕，罗杰斯建议索罗斯抓紧卖空所有的石油股票。这笔交易，成为这对黄金搭档最后的合作。

1979 年 4 月，时任美国总统卡特宣布取消国内石油价格管制。之后的 12 个月内，油价从每桶 11 美元左右迅速冲到了 39.5 美元，创当时历史新高。

罗杰斯认为，"树不会长到天上去"。当节能运动开始奏效、美国国内油田产量不断增多时，他开始强烈看空油价。

在量子基金的投资组合中有不少石油股，其中包括汤姆·布朗。"我们赚了不少，就在汤姆·布朗一只股票上就有百分之几百的利润。"罗杰斯后来说。

罗杰斯离开后，索罗斯在汤姆·布朗股价顶峰平了仓，随后这只股票应声而落，股价跌幅超过了 90%。

不久，《福布斯》记者采访了罗杰斯。采访中，他直言油价可能要暴跌 75%。这番预测把《福布斯》总编辑吓坏了，考虑再三，最终他们没有刊发这篇报道。

事实上，正是从那时候起，国际石油市场经历了长达 6 年的大熊市。几年后，罗杰斯与那位记者重逢，谈起那次采访，两人不由相视一笑。

3．"玩赚地球"，唱多奥地利

单飞后，罗杰斯创立了自己的公司——罗杰斯控股公司。不久，他就开始了"玩赚地球"的潇洒时光。

小时候，罗杰斯就有志周游世界。独立创业后，他终于过上有钱有闲的日子，实现了"世界这么大，我想去看看"的愿望。

与普通人穷游不同，也与有钱人肆意挥霍不一样，作为投资家，罗杰斯的环球之旅是一边游山玩水，一边投资炒股，而且赚得还不比专业投资者少，甚至更多。

这样潇洒赚钱的好日子，大致上从罗杰斯的欧洲游开始。而其中最成功的投资，当数对奥地利股票的投资。

虽然离开了量子基金，但罗杰斯依然采用当年的宏观投资法，即看好一个国家就要敢于押宝。这一法则，让他在环球投资中回报颇丰。

1981年夏天，他去欧洲兜了一圈。在德国，罗杰斯发现股市很沉闷，不少人仍对德国的经济发展存在疑虑。一番考察后，他认为新上台的执政党将大力发展高科技，沉睡良久的股市复苏将是最强有力的证明。于是，他委托一位经纪人帮助买一些股票。

股票买好后，两人之间有一段精彩的对话：

经纪人："需要我随时告诉你股价吗？"

罗杰斯："不用，千万别告诉我价格，一旦我看到那些股票翻番或者涨了3倍，没准儿我就禁不住诱惑卖了。我打算持有这些德国股票至少3年，我认为未来的两三年里，你们国家的股市会迎来一个绚丽的繁荣期。"

听到这些话，这个经纪人目瞪口呆。4年后，当他帮助罗杰斯抛出这些股票时，股价已经上涨了两三倍，这时的他才真正明白罗杰斯的眼光是多么敏锐。

在德国的投资，只能算是罗杰斯欧洲投资的一道餐前甜点，他真正大手笔的投资不是在德国，而是在奥地利。这才是他欧洲之行的真正大餐。

罗杰斯的欧洲之旅，当然少不了维也纳，这个有着童话般爱情传说的前奥匈帝国首都。

动身之前，罗杰斯询问了奥地利最大的银行在纽约的首席代表，对方竟然不知道自己的国家有股市。这让他十分震惊，而且直觉这里面蕴藏着巨大的投资机会。

当时，市面上流行的奥地利股市指数是摩根士丹利编制的。依照这个指数，奥地利股市可谓熊得一塌糊涂，市值已跌至 1961 年的一半。罗杰斯觉得，奥地利股市应该不至于那么差，为此，他决定亲自飞过去实地考察一下。

1984 年 11 月，罗杰斯专门考察了奥地利证券交易所。

与纽交所的熙攘人流相比，奥地利证券交易所的状况简直惨不忍睹。这里每周只交易几个小时，平时根本见不到人，一副濒临倒闭的破败相。

在奥地利联合信贷银行总部，罗杰斯好不容易找到了一个负责股票的人。他发现，这个国家最大的银行只有一个人负责股票，就是这个名叫奥拓·布鲁尔的人，而且连个秘书都没有。

罗杰斯了解到，奥地利证券交易所上市股票不到 30 只，会员不足 20 名。而第一次世界大战前，当时的奥匈帝国证券交易所会员高达 4000 名。今昔对比，真是让人不胜唏嘘。

在奥拓的带领下，罗杰斯见到了奥地利股市负责人沃纳·梅尔伯格，他向罗杰斯保证，奥地利股市很快就会有变化。这让罗杰斯很兴奋，他压抑着自己的情绪，不动声色地问："会有什么变化呢？"

"政府已认识到股市的重要性，不久将降低股息税，如果对股票进行再投资将可免除股息税。此外，投资股票将减税，养老金和保险公司投资股市会得到更多优惠政策。"沃纳·梅尔伯格坦言。

对于奥地利股市而言，这是前所未有的重大利好。其他已经这样做的国家，股市基本上都火起来了。

了解到上述利好后，罗杰斯还是不放心。从小到大的经验教训告诉他，投资的第一原则是不要亏钱，因此永远要小心，要尽可能多地掌握第一手信息。于是，他又去拜访了奥地利工会的负责人。

这位工会负责人告诉罗杰斯："奥地利政府的确不喜欢股市，但官员们也清楚国家必须要发展，因此他们赞成改革。"这个信息很重要，让罗杰斯吃下了一颗定心丸。

此外，罗杰斯还发现，摩根士丹利编制的奥地利股市指数存在很大问题，样本过小，只包含了9只股票，而且其中3家公司正在赔钱。这样的指数当然存在很大误导。

离开前，罗杰斯仔细分析了奥地利股市现有上市公司的资产负债表，然后果断买入那些财务表现良好的股票，包括一只名为"维也纳山"的股票，以及奥地利联合信贷银行、一家大型机械设备公司——斯泰尔·戴姆勒·普奇公司，还有几家建筑企业。

1985年1月14日，《巴伦周刊》一年一度的投资圆桌会议召开，特地从欧洲赶回来参会的罗杰斯，向在座的同行介绍了他在奥地利股市考察的情况，明确表示他强烈看多奥地利。

"奥地利有750万人口，他们正在修订法律，推出税收优惠政策，鼓励向资本市场投资，凡是这样做的国家股市都大涨了。德国的基金肯定会闻风而动，美国投资者很快也将成群结队地涌向那里，市场会因此强力上涨，到时候股市可能要涨上两倍、三倍甚至四倍。"他预言道。

1月21日，星期六，《巴伦周刊》刊出了对罗杰斯等人的访谈。一夜之间，全球股市投资人突然发现，还有这么一块罕见的价值洼地。周一开市，奥地利联合信贷银行负责股票的奥拓吓坏了。一上班，他就接到伦敦、慕尼黑、纽约的无数电话，对话就一句话："给我买奥地利股票！"

一个周末过后，世界各地的投资者似乎都来到了维也纳。从那一天开始，奥地利股市一飞冲天，当年就飙涨了125%，罗杰斯也因此被奥地利人誉为"亲吻睡美人的英俊王子"。

说实话，就连罗杰斯本人也没有预料到全球投资者的反应这么强烈。多年后，他坦陈，依靠个人的力量并不能够推动一个市场，自己所做的只是讲出实情。"这就是一个例子，一个很简单的想法，一旦你注意到，而且清晰无误，那么所有人都会蜂拥而至。"

1986 年，连续数年的牛市让全球多地股市在亢奋中屡创历史新高。盛极必衰，罗杰斯预感市场即将见顶。从这年夏天开始，他逐步清空手头股票。奥地利股票是他最后卖出的一批，此时已是 1987 年春天，当地股市已经涨了四五倍。

在资本丛林里闯荡多年，罗杰斯其实更喜欢做空。

在欧洲，他做空的国家不止一个。就在唱多奥地利的那年，他就公开看空瑞典，大量做空爱立信、瑞典金宝和法玛西亚，之后上述股票跌幅均超过 40%。

1986 年年底，罗杰斯直言不讳地看空挪威，他认为随着油价暴跌，挪威"政府也垮台了"，股市也好不到哪里去，"他们的政府比较弱势，总是不能做出正确的决定"。

1987 年年初，挪威股市创历史新高，做空的绝妙时机来了。这一年，罗杰斯做空了包括诺斯克数据在内的挪威多只股票。不久，当地股市就掉头向下。当年 11 月，他陆续平掉所有的空头仓位，这次操作为他带来了 6 倍的收益。

4．预警垃圾债，避险 1987

在挪威股市创新高的同时，全球其他股市也是高奏凯歌。

1986 年年底，道琼斯指数轻松突破 2000 点。从 1982 年 4 月 17 日的 831.24 点起步，这轮大牛市已持续了 4 年多，股指涨幅早已翻番，很多个股股价更是上了天。

面对华尔街的"欢乐盛宴"，罗杰斯却保留着一份独有的清醒。

从 1986 年年底到 1987 年年初，他先后多次接受美国《巴伦周刊》

《新闻周刊》以及英国《金融时报》等媒体采访，强烈预言：在未来的
1987 年、1988 年两年内，美国将发生严重的金融动乱，这场金融动乱的
序幕将从垃圾债券市场引爆，一些购买了垃圾债券的券商和投资者将相
继破产，随后由垃圾债券市场引发的暴跌将彻底拖垮美国股市。这也将
是自 1937 年以来最为严重的熊市，道指有望跳水达 49%。

"我看空的原因有很多，其中之一就是全球各地股市的主要成分股
全都在今年创了新高，这是自 1961 年以来全球股市首次齐齐创新高，而
在 1961 年全球股市高涨之后的 1962 年，各地股市竞相坍塌。"罗杰斯
坦言。

罗杰斯认为，从技术上看，牛市终结时有两个信号：第一，牛市开
始时，人人都买价值股，到牛市行将终结时，则是优质股回落，垃圾股
上天；第二，上市公司热衷于并购，但这些并购充其量只是在股市上
投资罢了，根本没有真正投向主业。事实上，自 1986 年 4 月开始，包
括 IBM 在内的一些大公司的股价就已见顶回落，市场实际上已经开始转
熊，但道琼斯指数依然在上涨，市场大部分投资者包括一部分机构依然
沉迷其中，很少有人关注到这个关键性的变化。

让罗杰斯感到强烈不安的还有垃圾债的狂欢，以及华尔街投行的疯
狂扩员。

"现在很多金融工具我都闻所未闻。比如他们创造的'欧洲美元'
市场，我都不知道这到底是干什么的。我以前的学生，他们做利率掉
期、房地产抵押担保证券和外汇掉期交易，但是他们自己都不知道自己
在干什么，他们都不知道谁是最后的债权人。他们唯一知道的就是交
易，然后可以挣很多钱。三个星期前，第一波士顿投资银行用自己的钱
开出了一张 9 亿美元的金融并购支票。用他们自己的钱！这年头有哪家
投资银行还在用自己的钱签支票啊？至少我知道的很少。"

罗杰斯强调，每个人都说"房地产抵押担保证券是个宝，我买了也

挣了不少"，这样做肯定是要出问题的。

与此同时，华尔街各家投行都在疯狂扩员。

"你能想象吗？美国的资产管理业准备拿出多么惊人的花费去买更多的基金经理？1980年，雅利达招了5%的哈佛商学院毕业生，可3年之后游戏结束了，他们有了很大的麻烦。1986年，高盛也招了5%的哈佛商学院毕业生和5%的哥伦比亚商学院毕业生，你还想知道更多这样的事吗？"

因此，罗杰斯几乎看空所有投行，不仅有用自己的钱签支票的第一波士顿投资银行，也包括那年刚刚上市的摩根士丹利。他指出，即将来临的熊市将使这些投行在未来一年内没啥生意而不得不提前终结游戏。

他对金融股的看空，让华尔街的一些朋友很不高兴。当天，罗杰斯就接到一些摩根士丹利朋友的电话："嗨，吉姆！我们看了你对市场的高论，很难想象我们做空的人居然都被你看空了，好像你以前就没在这条街上混过？"

类似的电话还有不少，罗杰斯不得不反复解释，那番话只是对未来市场的判断，并不针对特定公司。人在江湖，身不由己。毕竟，他还要在这个圈子里混，他为此郁闷了好一阵儿。

自从单飞之后，罗杰斯就将自己的资产分为三块，股市、债券和外汇。大难来临之际，罗杰斯当然要未雨绸缪，提前调整自家的投资组合，以规避即将到来的暴跌风险。

从1986年夏天开始，罗杰斯就卖空了大部分股票，只留下了少数美国的公共事业股，如果连这些股也下跌20%，他会考虑将它们卖掉。

美元在贬值，手头当然不能留存大量现金。"现在我的钱，都买了美国中期公众房屋债券，差不多是10年期债券。我丝毫不担心公众房屋债券的信贷问题，因为它们都是些市政债券，它们与信用十足的美国政府签约。"他告诉记者。

而在外汇市场，他透露自己持有的既不是外汇债券，也不是外汇期货，而是外币现金，包括瑞士法郎、德国马克、荷兰盾，以及奥地利先令等。但他没有日元，也不想有日元，他认为"那是个被操纵的市场"。

那么，个人投资者如何躲避这场即将来临的金融风暴？罗杰斯的建议是："卖掉所有的垃圾债券，买一年期或两年期低利息的国库券，然后去看电影或者到海滩，去干什么都成，千万要记住：这可不是投机的时候！"

1987 年 1 月初，在曼哈顿哈德逊河畔自由大街 200 号世界金融中心壮观的道琼斯大楼里，一年一度的《巴伦周刊》圆桌投资论坛照常举行。穿过安保严密的层层关卡后，9 位投资界明星被工作人员领进 16 层大会议室。

新一年的股市走势当然是一个重要话题，尤其是在罗杰斯表示极度看空当年股市后，整个圆桌会议的主题基本被他主导。

阿布尔森（主持人）：拜托，吉姆，今年市场到底会怎样？

罗杰斯：因为这些四处横流的钱，我们会迎来一次大的反弹。但在 1987 年或者 1988 年，我们将遭遇一个大熊市，这将是美国股市很多年以来最为严重的一个熊市！

奥斯卡·谢弗（基金经理）：我可不认为会进入熊市。

阿布尔森：我们到底会进入怎样的市场？

奥斯卡·谢弗：我们会有一个比 1986 年年初表现更好的市场，一个人人都在谈论却难以置信的市场。自去年 6 月以来，二级市场表现糟糕，是因为大部分二级市场股票都在散户手中，他们除了卖就是卖，直到年底。相信我，他们卖股票是税收的原因，等到来年初，他们还会把股票买回来。

奥斯卡·谢弗透露，在他们公司的投资组合中，尽管有 200 只股票的收益不错，但它们的股价表现却有些令人失望。其他包括彼得·林奇在内的基金经理都认为到海外股市淘金是个不错的投资举措，但罗杰斯透露他更倾向于买入德国马克、荷兰盾、瑞士法郎、奥地利先令等外币。

《巴伦周刊》投资圆桌会后，市场似乎不为看空的言论所动，继续燃烧着热情。极度看空市场的罗杰斯也不被圈内朋友理解。

这年春天，一位老朋友去看他，结果被他对市场的一番言论吓了一大跳。

"我们会有一个跌幅巨大、急速、深度、令人恐惧的股市崩盘，就像 1973 年、1974 年一样，唯一不同的是那时市场下跌 50% 经历了两年时间。在市场崩溃前，道指有望再创新高，但这种情况可能要到 1988年，也许 6 天之内，也许半年之内。"

听到这番话，这位老朋友目瞪口呆。"他以为我疯了！"罗杰斯后来这样自嘲。但他也没有很在意，还是提醒对方"全部清仓，一股也别留"。此后，他也将此话反复告诉周围的朋友。

很多投资者都希望自己走在市场曲线前面，能提前预测市场的涨跌。但在喧嚣的牛市中要想做到"众人皆醉我独醒"有多么艰难，看看罗杰斯的遭遇就知道了。因此，股市先知或者股神绝不是那么好当的，不仅要有超前的眼光，还要有非凡的意志。很多时候，甚至要有"我不下地狱谁下地狱"的牺牲精神。

在半信半疑中，美国股市继续震荡向上，两次调整到 120 日均线也就是上升趋势线附近时都开始止跌，甚至像罗杰斯所预言的那样迎来一轮剽悍的反弹。

8 月，道指冲到了 2722 点，与 1986 年 12 月的 1896 点相比狂涨了43.6%。一时间，坚持看空的罗杰斯甚至成为一些人的嘲讽对象。但罗杰斯坦然面对，他坚信丧钟很快就要敲响了！10 月 6 日，纽交所开盘前，波浪理论大师小罗伯特·R.普瑞切特发出空头预警，当天道指跳水，大跌 91.55 点。

10 月 14 日，星期三。美国政府公告，8 月商品贸易赤字高达 157 亿美元，比外界预计的超支 15 亿美元。这是史上最为糟糕的贸易数据。当天，道指大跌 95 点，再次跌破 120 日均线。不过，这一次股指没能收回去。

10 月 16 日，星期五，道指再度暴跌 108 点。从 K 线走势看，道指高山飞瀑的趋势正式形成。收盘前，基金经理们被迫纷纷平仓套期保值的指数期货合约，市场人心惶惶，充满末日到来前的气氛。

10 月 18 日，时任美国财政部部长贝克发表电视讲话，指责联邦德国银行升息，声称联邦德国若不降低利率，美国拟唱衰美元，让美元继续贬值。这场讲话成为压垮美股的最后一根稻草。

10 月 19 日，星期一，上午 9 时 30 分，美股开盘即暴跌。终于，美股历史上又一个"黑色星期一"到来了。这一天，华尔街"血流成河"。美股的这次雪崩不仅震动了美国，也在全球市场引起连锁反应。东京、新加坡、悉尼、巴黎、伦敦，先后发生恐慌性抛售，中国香港市场甚至为此停市四天。

早在近一年前，罗杰斯就公开预测了这一天。遗憾的是，还是很少有人躲过这场股灾。

那一天，恰巧是罗杰斯的生日，他没有去办公室看盘，而是在自己家里与朋友一起庆生。很多人打来电话，有祝贺也有求援。

"我劝他们清盘，他们不听，还说，'我知道股市肯定要暴跌的，但我要正好掐在那个点位出来'。他们居然还安慰我，'我知道你一向预测很准，但到明年或者到 1989 年前都不会崩盘的，到时候出来也不迟嘛'。我真的很无语！"

当天晚上，电视直播节目《亚当·史密斯的金钱世界》邀请罗杰斯畅谈自己的感受。直播中，他直言不讳地批评了美国政府，并直斥贝克和美联储主席格林斯潘是一对"傻瓜"，他们居然对抗德国银行利率，有没有搞错？一个股市童话已经完结，游戏结束了！

"但这不会是世界末日，事实上，这将有效清除金融系统中积习已久的放纵行为，比如垃圾债券市场的崩盘意味着一些过度纵容行为会终止。如果金融体系能就此完成自身的更新，那么我们将迎来繁荣昌盛的90年代。"他将之前美国《新闻周刊》专访中的话，再次重申了一遍。

5. 透视房地产泡沫，做空日本

成功预言美股崩盘，并借此大赚一笔后，罗杰斯觉得应该奖励自己一下。

这一次，他选择骑行穿越东亚，先横穿中国，再跨海去日本。正是这次旅行，不仅让他体验了古老中国迸发的勃勃生机，更实地感受到了日本经济存在的问题。

1988年秋天，在中国逗留了19天之后，他们从北京飞往东京。在东京成田机场，面对带着德国产的摩托车，从北京飞到东京的两个金发碧眼的美国人，成田机场的海关人员有点犯晕。经过一堆忙乱的手续后，工作人员加班加点为两人办好了过关手续，并在一连串"哈依"声中递上了加班费收据。尽管如此，日本人认真、尽责的服务态度仍让他很乐意为此埋单，他认为这也是日本人富裕的原因之一。

《水晶球》一书的作者，这样描述罗杰斯与女友同游日本的感受。

出乎很多人意料的是，1987年10月股灾后，日本股市没有像其他股市那样长时间萎靡不振，而是很快就走出底部，开始震荡攀升。罗杰斯到日本时，日经指数早已超越 1987 年股灾时的高点，不断创历史新高。当年，日经指数大涨 39.48%，完全是大牛市的样子，哪里有一点熊市的影子。

但实地考察让罗杰斯发现，日本股市走牛的基础并不稳固，更多的原因是过剩的流动性冲进市场激起的泡沫。特别是 1985 年美国与日本等五国签订《广场协议》后，日元兑美元汇率升了一倍。日元升值引发了日本经济的畸形繁荣，日本产业资本迅速从生产领域流向楼市、股市，导致泡沫经济泛滥。

几轮考察后，罗杰斯坚信，繁荣背后的日本经济中很多问题已积重难返，日本牛市很难持久。因此，从 1988 年起，罗杰斯就开始着手准备做空日本。

其实，早在量子基金时，罗杰斯与索罗斯就利用日本市场的火爆赚了不少。单飞后不久，他就开始在纽交所做空日本股票，比如日立和索尼。美日关税贸易谈判开始后，他进一步加大了做空的力度。

1988 年，美国国会通过多项贸易法案，其中包括针对美日贸易关系的"超级 301"条款。1989 年 2 月，美国贸易代表办公室在美日贸易报告中提及日本经济的问题。报告中引用自由贸易经济学家贾格迪什·巴格沃蒂关于日本经济的评论："我认为我们'踢一脚'日本政府是完全正确的做法，正如我们的政府告诉人们购买美国货一样，让日本人购买外国产品是个好主意。"

对美日这轮关税贸易谈判，罗杰斯判断日本赢的可能性不大。他分析，日本面临两个选择：要么在很大程度上开放市场，要么对自己进行贸易限制。不管哪种方式，索尼与日立这两家家电巨头都会受损，库存较高的高保真音响巨头先锋也会亏钱。

做空日立与索尼，只是罗杰斯大肆做空日股前的火力侦察。在重要场合公开唱空日本，他还是选择了全球瞩目的《巴伦周刊》年度投资论坛。

1990 年 1 月，《巴伦周刊》年度投资圆桌会议再次吸引了全球金融大咖。成功预言 1987 年股灾的罗杰斯，当然是重要嘉宾之一。会上，罗杰斯语惊四座，他公开看空日本股市："日本股市的市场宽度极度恐怖，只要查看一下日本公司的股价走势图就可以发现，很少有公司的股价真的上涨，这一情况极像 1987 年的美国股市。我所知道的是，如果我赚的钱都是靠卖空赚来的，那一定是出了问题。"

罗杰斯断言，现时正是做空日本证券的良机。他大胆预言："日本股市的泡沫太大，不出意外的话，日经指数将从现在水平下跌超过 50%。"

1987 年股灾后，股神巴菲特曾称赞罗杰斯"对大势的把握无人能及"，因此，罗杰斯的这番话影响很大，很多人意识到日本股市存在大量泡沫，开始像他一样做空日股。但这番话传到日本后，也引起当地证券分析师的强烈不满。

很多事情不以人的意志为转移，日本证券分析师的辩护没能阻止日经指数的下跌。

1990 年 2 月 19 日，日经指数下跌 0.63%。第二天，日经指数跳空低开，继续下跌，之后便一路下行。

5 个月后，当罗杰斯来到日本时，日本股市已经从 38000 点附近跌到了 29000 点，市场人气涣散，投资者一片恐慌。当地一家杂志社专门找到他采访，询问股指是否还要接着跳水。

罗杰斯坦言，日本股市还要大跌，其原因在于日本的投机泡沫还在继续。

"一天前，报纸上报道东京高尔夫球俱乐部会员席位均价已经达到 100 万美元。这简直是疯了！用 100 万美元去买一个高尔夫俱乐部会员席位？另一方面，日本皇宫附近的地价高得离谱，甚至超过了整个佛罗里达州的土地价钱。"

而据他调查，1990 年，仅东京地区的地价以美元计价，就相当于美国全国的土地价格。一块澳大利亚人25年前以25万美元买的6万平方米的土地，当时居然在东京以4.5亿美元的天价成交。这些不是泡沫是什么呢？

罗杰斯告诉这位日本记者，日本银行正在收缩货币供应，表示要挤掉投机泡沫。这就是一个市场要发生重大变故的信号。

之后，日股震荡一段时间后，下半年继续大跌，最低曾击穿20000点，触及19781.7点。1990年日经指数大跌38.72%，这让罗杰斯这样的做空者赚得盆满钵满。

预言并做空日本，是罗杰斯投资生涯中最成功的操作之一。当时，绝大多数人都没有想到，日经指数自此开启长达十几年的大熊市，从而拉开了日本"失去的十年"的序幕。

附录1　吉姆·罗杰斯的做空策略

（1）第一原则是绝不赔钱

大师级投资家的投资业绩有时也难免大起大落，但罗杰斯显然是个另类。无论是与索罗斯合作时期，还是分开后独立投资，罗杰斯都很少出现亏损的情况。这当然与其超凡的投资眼光有关，但更重要的因素在于他奉行的"决不亏损"原则，宁愿不出手，也要避免亏损。

出身底层的艰辛，少年时父子投机养牛的惨败，初进华尔街时老江湖的提醒，这一切都促成了罗杰斯投资生涯中非同一般的谨慎。从小到大的经验教训告诉他，投资的第一原则是不要亏钱，因此永远要小心，要尽可能多地掌握第一手信息。因此，对本金的保护成为他投资的第一诉求。"我的忠告就是决不赔钱，做自己熟悉的事，等到发现大好机会才投钱下去。"

（2）耐心等待时机

成熟的市场，单边市很少，大部分时间都处于震荡之中。很多时候，市场走势会呈现长期的低迷，这个时候的市场就是一潭死水，无论做什么都不太合适。在这种阶段，罗杰斯认为最好的选择就是什么都不做，耐心观察，等待能够改变市场走势的催化因素出现，而不是去盲目操作。因此，他的投资策略历来是"不见兔子不撒鹰"。

"除非你真的了解自己在干什么，否则什么也别做。假如你在两年内靠投资赚了50%的利润，然而在第三年却亏了50%，那么，你还不如把资金投入国债市场。你应该耐心等待好时机，赚了钱获利了结，然后等待下一次的机会。如此，你才可以战胜别人。"

（3）关注市场关键性信号

1986年年底，道琼斯指数轻松突破了2000点，很多个股股价更是涨上了天。面对华尔街的"欢乐盛宴"，罗杰斯却保留着一份独有的清醒。

"我看空的原因有很多，其中之一就是全球各地股市的主要成分股全都在今年创了新高，这是自 1961 年以来全球股市首次齐齐创新高，而在 1961 年全球股市高涨之后的 1962 年，各地股市竞相坍塌。"罗杰斯坦言。

罗杰斯认为，从技术上看，牛市终结时有两个信号：第一，牛市开始时，人人都买价值股，到牛市行将终结时，则是优质股回落，垃圾股上天；第二，上市公司热衷于并购，但这些并购充其量只是在股市上投资罢了，根本没有真正投向主业。

事实上，自 1986 年 4 月开始，包括 IBM 在内的一些大公司的股价就已见顶回落，市场实际上已经开始转熊，但道琼斯指数却依然在上涨，市场大部分投资者包括一部分机构依然沉迷其中，很少有人关注到这个关键性的变化。

（4）超级泡沫总是伴随市场顶部

1990 年 1 月的《巴伦周刊》年度投资圆桌会议上，罗杰斯公开看空日本股市。

"日本股市的市场宽度极度恐怖，只要查看一下日本公司的股价走势图就可以发现，很少有公司的股价真的上涨，这一情况极像 1987 年的美国股市。我所知道的是，如果我赚的钱都是靠卖空赚来的，那一定是出了问题。"

6 个月后，当罗杰斯来到日本时，日本股市已经从 38000 点左右跌到了 29000 点。但罗杰斯坦言，日本股市还要大跌，其原因在于日本的投机泡沫还在继续。

"一天前，报纸上报道东京高尔夫球俱乐部会员席位均价已经达到 100 万美元。这简直是疯了！用 100 万美元去买一个高尔夫俱乐部会员席位？另一方面，日本皇宫附近的地价高得离谱，甚至超过了整个佛罗里达州的土地价钱。"

而据他调查，1990 年，仅东京地区的地价以美元计价，就相当于美国全国的土地价格。一块澳大利亚人 25 年前以 25 万美元买的 6 万平方米的土地，当时居然在东京以 4.5 亿美元的天价成交。这些不是泡沫是什么呢？

附录 2　吉姆·罗杰斯的人生轨迹

1942 年 10 月 19 日，吉姆·罗杰斯出生于美国马里兰州的巴尔的摩，在亚拉巴马州的德莫普利斯长大。

1964 年，罗杰斯以优异成绩毕业于耶鲁大学历史系，获得学士学位。他在华尔街的多米尼克证券公司找到了第一份工作。

1966 年，罗杰斯获得了牛津大学哲学、政治和经济学的学士学位，成为巴利奥尔学院的成员。

1971 年，罗杰斯开始了与索罗斯的 10 年搭档生涯。

1980 年，罗杰斯开始了自己的投资事业。

1984 年，外界极少关注、极少了解的奥地利股市暴跌到 1961 年的一半时，罗杰斯亲自前往奥地利实地考察。经过缜密的调查研究后，罗杰斯认定机会来了。他大量购买了奥地利企业的股票、债券。第二年，奥地利股市起死回生，股市指数暴涨 145%，罗杰斯获利颇丰，也因此被称为"奥地利股市之父"。

1987 年上半年，他预见到美国股市即将发生暴跌，因而适时卖空股票。1987 年 10 月 19 日，美国股市崩盘，他的卖空操作大获成功。

1990 年，罗杰斯公开唱空日本，预言日经指数将下跌超过 50%。

1990 年 2 月，日本股市开始连续下跌，且迄今未回到当时的高点。预言并做空日本，是罗杰斯投资生涯中最成功的操作之一。

第四章

乔治·索罗斯：

做空英镑！一日豪赚 10 亿美元

1992年9月16日凌晨，星期三，伦敦，许多报刊与电视台记者聚集在英国财政部门外。早晨7时，时任英国财政大臣莱蒙面色沮丧地出现在摄像机前，他用右手推了推额前的头发，开始讲话：

"今天，是一个极为困难和混乱的日子，大量的金融事件接连不断地发生，使汇率机制失去了作用……同时，政府认为只有中止作为汇率机制成员的资格，英国的最高利益才能得以维护。"

经过近半个月的挣扎后，英国政府还是没能抵挡住国际炒家的狙击，被迫宣布英镑正式与欧洲汇率机制脱钩。消息传出，《经济学人》杂志称"失望"至极。1992年9月16日，也被视为英国的"黑色星期三"。

之后的几个小时中，英镑贬值16%。与此同时，西班牙货币也贬值28%，意大利货币贬值22%。其间，那些提前布局大量空单的国际炒家大赚特赚，量子基金的老板乔治·索罗斯更是这场狙击英镑行动中的最大赢家。之前在欧洲名不见经传的他一战成名，被称为"打垮了英格兰银行的人"。

次日清晨，睡梦中的索罗斯接到助手电话："嘿，老板，你昨天赚了9.58亿美元！"

这一波对英镑的狙击，后来被称为金融史上最伟大的操作之一，索罗斯也一战封神，成为全球公认的空头大师。

1．青春岁月遭遇死亡威胁

成功狙击英镑后，索罗斯所到之处差不多都是鲜花美酒。人们只知道羡慕这位"金融天才"的非凡操作，却没有仔细探究这一切来得多么不容易。

事实上，索罗斯能成为全球金融业数一数二的人物，自然与其超乎常人的智慧、极其丰富的金融阅历有关，更与其从小遭遇的苦难经历磨砺出的对时事的高度敏感与面对巨大危险时坚韧不拔的性格和心态有关。

没有超出常人的坚强意志与远见卓识，怎么敢在全球金融市场的不同品种上大肆做空，单挑英国、日本及东南亚等多个国家与地区的政府？

与华尔街多数金融大鳄相比，出生于匈牙利布达佩斯一个犹太人家庭的索罗斯，青少年时代正赶上德国纳粹横行欧洲大陆的日子，因此遭遇了更多的苦难，甚至不时面临生命危险。

索罗斯的父亲是一名律师，性格坚强，对索罗斯童年的影响极其深远，教会了索罗斯要自尊自重、坚强自信。这位极其精明的律师工作勤奋，给自己的儿子创造了一个相对优越舒适的生活环境。

在少年时代，索罗斯就与众不同，是各种游戏的常胜将军。这位犹太少年个性坚强，喜欢多项运动，特别擅长游泳、航海和网球。但是，这样的幸福时光随着纳粹的入侵而终结。

1944年，随着纳粹对布达佩斯的侵略，索罗斯一家开始了逃亡生活。

逃亡生活充满了危险和痛苦。凭着父亲的精明强悍，索罗斯全家靠假身份证和较多的庇护所才得以躲过灾难，没有被纳粹抓住送到集中营处死。这段逃亡生涯让索罗斯终生难忘，有一些教训刻骨铭心：冒险是对的，但绝不要冒毁灭性的危险。

13岁那年，索罗斯曾与死神擦肩而过。

那时，他用假身份证躲在他爸爸的一个朋友家。每次外出小便，他都不敢让别人看见自己的生殖器，因为犹太男性生下来时就行割礼，他害怕因此暴露自己犹太人的身份。

有一次，索罗斯独自外出时撞上了纳粹士兵。当时，他内心极度恐惧，生怕被识破身份。好在他表面上非常镇静，装作若无其事的样子，最终得以蒙混过关。这种随时面临死亡威胁的经历，对其未来的成长与金融生涯影响很大。

逃亡开始后，索罗斯一家的生活时常陷入窘境。有时候，为了填饱肚子，索罗斯不得不学会说谎。"为了生存，我不得不撒谎或者骗人。只要没有伤害别人，道德也许要让位于求生。"

第二次世界大战结束后，1947 年秋天，17 岁的索罗斯只身离开匈牙利，前往西方也就是北约国家寻求发展。他先到瑞士的伯尔尼，旋即去了伦敦。

到伦敦之前，索罗斯对未来充满美好的想象，以为在伦敦会有很好的发展。真正到了之后，他才发现自己的想法是多么幼稚。繁华的伦敦是有钱人的世界，没有谁去搭理这个来自东欧的一文不名的犹太青年。为了生存，他被迫出去打零工，这样困苦的生活毫无乐趣可言。

这种社会底层的生活，索罗斯没办法长时间忍受。一年以后，他决定通过求学来改变自己的命运。1949 年，他开始进入伦敦经济学院学习。在此期间，他的求学生涯还是比较艰辛。

在伦敦经济学院，索罗斯选修了詹姆斯·爱德华·米德的课程，这位教授在 1977 年获得诺贝尔经济学奖。不过，他认为自己并未从这位名教授课程中学到什么东西。

在伦敦求学期间，对索罗斯影响最大的要数英国哲学家卡尔·波普尔。这位教授鼓励他严肃地思考世界运作的方式，并尽可能地学会从哲学的角度解释问题。对于索罗斯来说，这种思维无异于打开一个全新的世界，为他以后建立自己独创的金融市场新理论打下了坚实的基础。

1953 年春天，索罗斯从伦敦经济学院学成毕业。虽不至于毕业即失业，但找一份好工作也很不容易。

众所周知，手袋是英国名媛贵妇的标配。一开始，索罗斯去做手袋推销员，但他很快发现买卖十分难做，于是他开始寻找新的赚钱机会。

一个偶然的机会，索罗斯发现，对于一个外来的穷小子来说，参与投资业可能是挣大钱的捷径。于是，他就给城里的多家投资银行发了自荐信。这些信件多数都是石沉大海，只有一家名叫西弗格 - 弗里德兰德的公司愿意聘他做一个实习生。

这是上帝给这位犹太青年打开的第一扇金融业门窗，索罗斯的金融生涯从此揭开了序幕。

工作一段时间后，索罗斯成了西弗格 - 弗里德兰德公司的一名交易员，专事黄金和股票的套利交易。虽然每天都跟金钱打交道，但在此期间索罗斯表现并不出色，更没有赚到大钱。就像伦敦的雾一样，索罗斯似乎看不到自己的未来。

树挪死，人挪活。在英国闯荡已久，人生一直没有什么起色，索罗斯开始考虑新的去处。

当时，美国挟第二次世界大战胜利的威势，正处于国力鼎盛时期。虽然早已不是所谓的"新大陆"，但仍然是欧洲青年心目中的淘金圣地。反复思量后，索罗斯做出了一个影响他一生的选择——到纽约去。

2. 黄金搭档纵横华尔街

去美国时，索罗斯全部的财产就是多年的积蓄 5000 美元。那是 1956 年，当时这个犹太青年已在英国闯荡近 10 年。

当时，纽约已是全球金融中心，全世界到这里寻找机会的人如过江之鲫，索罗斯来这里也是想碰碰运气，他心里想的是，再不济也不会比待在伦敦更差。

那时，大西洋两岸的金融交流已比较频繁，不少公司利用两岸的时差进行套利。因此，华尔街来自欧洲金融圈的人也不少。不久，一个熟人将索罗斯推荐到 F.M. 迈耶公司。在这里，他干起了老本行，当了一名套利交易员，兼做欧洲市场股票投资分析。

不过，初来乍到的索罗斯，在华尔街没有任何名气，很少有人对他的股票投资建议感兴趣。这位野心勃勃的犹太青年，不得不暂时收敛自己的野心，当了很长时间的底层交易员与分析师。

几年沉潜后，索罗斯开始崭露锋芒。

1959 年，已经熟悉美国金融环境的索罗斯跳槽到沃特海姆公司。这是华尔街少数几家经营海外业务的美国公司之一。这次跳槽，给索罗斯带来了好运。

不熟不做，这是金融圈的铁律。索罗斯也不例外。让他在华尔街脱颖而出的，不是美国本土投资标的，而是源自其在欧洲市场的积淀。

经过仔细分析研究，索罗斯发现一只被市场严重低估的股票——德国安联保险公司。这家保险公司持有的股票和房地产价格大幅上涨，但自家股票却无人问津。这显然是一块被市场忽视的价值洼地，于是，他开始向客户积极推荐这只潜力巨大的冷门股。

一开始，人们半信半疑，觉得既然这只股票价格被低估，市场一定有低估它的理由。不过，还是有一部分客户试探着买入。特别是摩根担保公司和德累福斯基金大量买入后，安联公司的股票逐渐被市场认可，变成了一只热门股。

后来，安联公司的股价翻了 3 倍，先期买入的客户赚得盆满钵满。从此，索罗斯在华尔街名声大噪，跻身知名分析师行列。

1963 年，索罗斯再次跳槽。

这一次，他来到阿尔霍德 - 布雷奇罗德公司。这家公司擅长经营外国证券，这一点特别令索罗斯心动。这家公司的老板史蒂芬·凯伦慧眼识人，给了这位声名鹊起的华尔街新秀很大的自由与空间。

在阿尔霍德 - 布雷奇罗德公司工作期间，索罗斯的才能得以尽情发挥。超越一般分析师的全球视野，让他能从宏观的角度把握市场动态，及时判断各种政治和经济事件对全球金融市场的影响，不断创造新的业绩。

4 年后，索罗斯凭借才能与业绩，晋升为公司研究部主管。当上研究部主管后，索罗斯说服老板建立两只离岸基金——老鹰基金和双鹰基金，全部交给他打理。这两只基金运作得相当好，索罗斯为公司赚了不少钱。

担任主管期间，在一次招聘中，索罗斯认识了耶鲁大学毕业的吉姆·罗杰斯。索罗斯很欣赏罗杰斯，面试后立即给这个小伙子发了入职通知。出乎意料的是，罗杰斯放了他的鸽子，没有来公司上班。

过了一段时间，罗杰斯又找上门来了。当时，资本市场不太景气，工作不是很好找。在外面转了一圈后，罗杰斯觉得还是索罗斯这里比较靠谱，于是，他主动回头与索罗斯沟通。一开始索罗斯很生气，不想再搭理罗杰斯，但罗杰斯对市场的看法引起他强烈共鸣，惜才爱才的他，还是答应了罗杰斯的工作申请。

宋词云：金风玉露一相逢，便胜却人间无数。这句词用来形容索罗斯与罗杰斯两人的相遇与合作，可谓再恰当不过。索罗斯有大局观，罗杰斯善于从细微处入手，两人联手成为华尔街上的黄金搭档。

不过，替别人打工，赚的钱再多，大头都是老板的，个人很难实现财务自由。因此，索罗斯和罗杰斯渴望有一份自己的事业。1973 年，他们离开了阿尔霍德 - 布雷奇罗德公司，作为合伙人，共同创建了索罗斯基金管理公司。

这家基金公司听起来很"高大上"，但其实很小，刚开始运作时只有 3 个人：索罗斯是交易员，罗杰斯是研究员，还有一人是秘书。

基金规模虽然并不大，但索罗斯和罗杰斯很投入。他们非常重视掌握各行各业的最新信息，订了 30 多种商业刊物，收集了 1500 多家美国和外国公司的金融财务记录。

独立创业后，两人工作起来更起劲了。当时，罗杰斯每天都要仔细分析研究 20 份至 30 份公司年报，以期寻找最佳投资机会。索罗斯也没有闲着，遇到重大事情两人都会及时沟通，共同做出投资决策。

1973 年，第四次中东战争爆发，埃及和叙利亚大举入侵以色列。由于武器装备过时，以色列遭到重创，付出了血的代价。

作为犹太人，索罗斯当然很关心这场战争。以色列的遭遇，让他联想到美国的武器装备也可能过时。当时，美苏争霸正酣。以色列血的教训很可能促使美国国防部花巨资用新式武器装备军队。于是，索罗斯与罗杰斯开始走访国防部官员和美国军工企业承包商。

走访结束后，两人坚信美国大面积更新军队设备势在必行。因此，对于军工企业来说，这是一个绝好的投资良机。于是，他们开始大量买进诺斯罗普公司、联合飞机公司、格拉曼公司、洛克希德公司等握有大量国防部订单的公司股票，这些投资为索罗斯基金带来了巨额利润。

除了正常的低买高卖外，索罗斯还特别善于卖空。一个经典案例就是做空雅芳化妆品公司。

一开始，索罗斯以每股 120 美元的价格借了雅芳公司 1 万股股票。不久，这家公司的股票开始狂跌。两年后，索罗斯以每股 20 美元的价格买回了 1 万股还账。仅这一笔交易，索罗斯基金就赚了 100 万美元，几乎赚了 5 倍。

1979 年，索罗斯决定将公司更名为量子基金。这次更名的灵感，源于海森堡量子力学的测不准定律。索罗斯认为，资本市场总是处于不确定的状态，总是在波动。只有在不确定状态上下注，才能真正赚钱。

令索罗斯始料未及的是，公司名称变了，他与罗杰斯的合作也差不多到头了。

近 10 年的合作，两人非常默契，也非常成功，其间没有一年是失败的，基金业绩真的像量子般增长。特别是 1980 年，量子基金年增长

102.6％，这也是两人合作成绩最好的一年。这年年底，量子基金规模已达到 3.81 亿美元，索罗斯个人也跻身亿万富翁行列。

据统计，到 1980 年 12 月 31 日为止，索罗斯基金累计增长 3365％。同期，标准普尔综合指数仅增长 47％。这不能不说是华尔街的一大奇迹，更是两人永远的骄傲。

天下没有不散的筵席。

罗杰斯的离开，还是令索罗斯很失落，毕竟，两人已成功合作了 10 年。他很清楚，几乎再也不会有其他合伙人，才华这么出众，工作这么热情，与自己合作又这么默契。

后来，索罗斯的基金管理公司最多时发展到 200 多人，但他没兴趣去认识普通的员工，只在每年一度的年终酒会上露面，对全体员工说两句话。即使与公司最高层的几个人之间，他也不会和他们亲密，始终保持着适当的距离。

当年与罗杰斯合伙创业时的激情与默契，随着两人的分开，在索罗斯身上再也看不见了。一般员工都看不透自己的这位老板，剩下的似乎只有华尔街大亨的矜持与金融大鳄的冷酷。

3．痛定思痛，悟出反射理论

屋漏偏逢连夜雨。

与罗杰斯分开不久，索罗斯的第一次婚姻也到头了。随后的一年里，他更遭遇到金融生涯的第一次大失败。

当时，索罗斯判断美国国债市场会出现较大的上升行情，于是他用银行短期贷款大量购入长期公债。不幸的是，这一次他判断失误，由于美国经济强劲，银行利率快速攀升，远远超过公债。

大方向做反了，这是金融投资中最要命的。这一年，量子基金持有

的公债每股损失了 3%—5%，总计大约损失了数千万美元，业绩下滑
22.9%。

最佳合伙人离开，基金业绩滑坡，让大批投资人对索罗斯失去信
心，不少人弃他而去，带走了量子基金近一半的资产，大约 1.93 亿美元。

这段时间，索罗斯非常孤独，有一种被抛弃的感觉。他经常回忆起第
二次世界大战期间的流亡生涯，闯荡伦敦时的打工日子，初来纽约时的茫
然无助……与当年的一无所有相比，他当时财富超过 1 亿美元，也算是个有
钱人。抚今追昔，现在拥有的一切来之不易，是不是应该就此金盆洗手？
这个事业心极强的人，甚至曾想过要退出市场，去过一种平淡的生活。

少年时磨砺出的坚韧心志，让索罗斯不甘于小富即安，最终还是选
择继续打拼。不过，学费决不能白交，从那时起，他开始尝试从哲学的
角度，去思考金融行为的本质，反思自己以往的市场运作。

苦难是最好的老师。

"因为亏损让我尝到了失败的滋味，失败的极度痛苦让我释放了长
期积累的压力。我在最松弛的心情下，头脑很冷静。"

在那段日子里，他一直在反思：理论上讲，当时投资国债是正确
的，也是理性的。一个看上去非常理性的决定，为什么市场却不认可，
甚至走出完全相反的趋势？

想得越多，思考得越深入，索罗斯越感到困惑：如果按照传统经济
学理论去投资，可能会再一次遭受市场愚弄。那么，现存的经济学理论
究竟是对是错？

传统的经济学家认为：市场是具有理性的，其运作有其内在的逻辑
性。在这种假设下，通过对上市公司充分了解，每只股票的价格都可以
通过理性计算得以精准确定。根据这种测算，投资者可以选择最好的股
票进行投资，而股价也将最终反映公司未来的收入预期。

这就是有效市场假设，它假设了一个完美的市场，假设了一群理性

的投资者，认为股价走势反映了当前可掌握的信息。

在大学课堂上，几乎所有的经济学教授讲授的都是这套理论。之前，作为伦敦经济学院培育的学生，索罗斯当然对这套理论深信不疑。

但这次惨败使他认识到，很多时候市场是失效的，不是所有信息都被外人所知，也不是所有投资者都是理性的。市场投资不像课堂教学那样，只要照书本上的理论去完成教授布置的作业就可以了事，靠数学公式精测与控制股价走势是不靠谱的。某种意义上，传统经济学很可能是错误的，起码是过时的，不完全符合实际，很多地方都是纸上谈兵。

这个发现让索罗斯震惊的同时，也恍然大悟。他清醒地意识到：要想不重蹈失败的覆辙，投资必须要有新思路，找到新方法。如果市场是无效的，那么，决定金融投资成败的关键节点又在哪里呢？

回顾多年来在市场上的操作实践，索罗斯认为，金融市场动荡无序，股市的运作基础不是之前人们认为的价值逻辑，而是投资者的心理预期。投资者具体买卖时，决策依据往往不是数据测算，而是自己的心理预期。

人心莫测。但索罗斯认为，跑赢市场的关键恰恰在于如何把握这种群体心理。

他发现，投资者与市场之间存在着互动，一旦投资者的观念与事实之间的差距太大，无法得到自我纠正，市场就会处于剧烈的波动和不稳定的状态，这时就容易出现"盛—衰"序列。

索罗斯曾列出了典型的"盛—衰"序列环节：

（1）市场走势尚不明朗，难以判断；（2）开始过渡到自我推进过程；（3）成功地经受了市场方向的测试；（4）市场确认度不断增强；（5）在现实与观念之间出现偏离；（6）发展到巅峰阶段；（7）出现与自我推进过程相反的步骤。

当市场趋势延续的时候，非常有利于投机交易，这也是最容易赚钱的时候。当市场信心丧失，走势则会发生逆转，而新的市场趋势一旦产生，就将按自己的规律发展。

趋势刚形成时，杀伤力也是比较强的。

索罗斯强调，投资成功的秘诀就在于认识到形势变化的不可避免性，及时确认形势发生逆转的临界点。当临界点出现的时候，采取恰当的投资策略，有计划地建仓，充分利用市场不稳定的状态，将获得巨大收益。

由此，索罗斯形成了一套独到的理论。他的这套反射理论看上去很复杂，曾被誉为"炼金术"。其精华其实就是一句话：以"反射性"和"大起大落"为理论基础，在市场转折处进出，利用"羊群效应"逆市操控，主动进行市场投机。

在此之前，或许有人也偶然发现了投资者与市场间的这种互动，进行过类似的反市场操作，但真正将这种操作经验升华为理论的，索罗斯无疑是第一人。

自幼外出闯荡的索罗斯，青少年时期就非常叛逆，有了自己的投资理论后，他毫不犹豫地摒弃了传统金融学，用全新的反射理论去指导量子基金操作，接受风云变幻的金融市场的检验，并寻找新的投资机会。

4. 看对趋势选错目标，赔了大钱

1981 年 1 月，里根就任美国总统。

这个曾经的好莱坞二流电影明星，虽然不是很懂经济，却有一个非常厉害的顾问团。这些顾问信奉供应学派，主张大幅减税、刺激经济、创造就业。这就是所谓的"里根经济学"。

自里根竞选时，索罗斯就开始研究他的经济政策。里根上任后，开始大力推行新政策。这让索罗斯确信，美国经济新一轮"盛—衰"序列已经开始了。看清这一趋势后，索罗斯果断出手，做多美股。

1982 年夏天，美国贷款利率下降，股票不断上涨，这使得量子基金获得了巨额回报，索罗斯也度过了一个粉红色的夏天。"对我来说，赚钱没有什么道理可言，就是凭自己的直觉，既然直觉让我做出了决定，那我就会对自己的决定坚信不疑。"

到这年年底，量子基金净值上涨了56.9%，净资产从1.933亿美元猛增至3.028亿美元，索罗斯本人也渐渐摆脱了1981年的失败阴影。

好事成双。1983年，投资事业再度兴旺的索罗斯，和比他小25岁的苏珊在南安普顿举行了婚礼，迎来了人生第二春。这段老夫少妻的婚礼中，还有一段令人忍俊不禁的小插曲。

婚礼当天，因为打网球忘了时间，索罗斯竟然迟到了。进了教堂，牧师程序化地问："你是否愿意把你的所有和妻子共同分享？"索罗斯半天没吭声，好像没有听见似的。

这一下，牧师愣了，新娘脸色变了，参加婚礼的人开始嘀嘀咕咕。

眼看现场要失控，索罗斯的私人律师冲到他身边耳语："没事，这样的承诺没有法律效力。"听完这番话，索罗斯方才释然，朝牧师点点头，婚礼才接着照常进行。

美国经济的这一轮繁荣，持续了数年。随着经济的发展，美国的贸易逆差飙升，预算赤字也快速增加。与此同时，美元因投资资金的涌入却不断升值。索罗斯认为，美国政府不会放任贸易逆差无止境扩大，因此，肯定会想办法让美元贬值，扩大美国出口。这样，眼下的美元泡沫终会破灭，于是他开始等待做空美元的时机。

也许很多人没有想到，索罗斯第一次做空的货币竟然是美元。此前，他主要投资股票和债券，对外汇市场涉猎不多。

1985年8月16日，索罗斯觉得时机成熟了。

这一天，索罗斯指示公司的交易员开始买入日元、德国马克和英镑。但美元并没有立即贬值，相反，三周后仍在升值。到9月初时，他先期持有的德国马克和日元的多头头寸达7亿美元，已超过了量子基金的全部价值。这时，因为美元升值造成的亏损已达到 2000 万美元。

这时候，索罗斯心中的压力之大可想而知。但他坚信自己的投资决策是正确的，美元贬值的大趋势不可逆转。而转折一旦形成，暴利机会就消失了，要趁其他投机者还没有意识到时提前下注。

因此，在先期遭受了一些损失的情况下，在日元与德国马克上，索罗斯又增加了近 8 亿美元的多头头寸。这样的胆魄，确实是一般基金经理不敢想象的。"索罗斯与所有同行不同的地方，就是他发号施令的勇气。"一位曾经为量子基金工作了 10 年的基金经理说。

索罗斯曾说过，当他觉得市场到了顶点的时候他的背会很疼，而且越来越疼，直到他做出出场的决定为止。不知道那个夏秋之交，他的背部是否疼痛不止。

到了 9 月 22 日，索罗斯期盼的时刻终于到来了。

这一天，时任美国财政部部长詹姆斯·贝克和法国、联邦德国的财政部部长，日本财相，以及英国财政大臣，在纽约开会，商讨美元贬值问题。会后，五国签订了《广场协议》。协议要求通过"更紧密的合作"来"有序地对非美元货币进行估价"。这意味着各国央行将一致行动迫使美元贬值。

次日，美元汇率就被宣布从 239 日元降到 222.5 日元，下降了 6.9%。一夜之间，索罗斯赚了 4000 万美元。

接下来的几周，美元继续贬值。10 月底，1 美元兑换 205 日元，贬值 13%。到了 1986 年 9 月，更是跌至 1 美元兑换 153 日元。

这次重仓出击，让索罗斯与量子基金名声大振。凭着当年的惊人业绩，在《金融世界》杂志列出的"华尔街地区收入百人榜"上，索罗斯名列第二位，1985 年的收入高达 9350 万美元。

1986 年，索罗斯再接再厉，又获得了大丰收。这一年，量子基金的财富达到 15 亿美元，索罗斯个人收入也达到 2 亿美元。

这一路凯歌高奏的势头没能继续延续，1987 年索罗斯遭遇了他投资生涯的"滑铁卢"。这一回，他受的伤比 1981 年那次更严重。

按照自己独创的"盛—衰"理论，索罗斯预测，20 世纪 80 年代前期的繁荣过后，肯定有一个衰退期。

当时，日本经济的繁荣程度甚至超过美国，有一本名为《独占鳌头的日本》的图书，描述了日本的繁华与美国担心日本超越自己的担忧。

不过，索罗斯不这么看，通过各种渠道获得的信息让他断定，日本经济中存在的问题比美国严重，日本股票市盈率高达 48.5 倍，远远高于美股，而投资者的狂热还在不断地升温。因此，他预测日本股市泡沫巨大，应该比美股更早崩盘。

1987 年 9 月，索罗斯把几十亿美元的投资从东京转移到了华尔街。按照以往的操作习惯，他一边做空日股，一边买入标准普尔合约。

不料，全球股市最早崩盘的不是日本证券市场，而恰恰是美国的华尔街。因为美国的垃圾债泡沫太大，垃圾债市场出事后，把美股也拖下了水。

1987 年 10 月 19 日，美股遭遇"黑色星期二"。当日，道琼斯平均指数狂跌 508 点，暴跌 22.6%，接下来几天持续下跌。日本股市则因为政府积极护盘，跌幅反倒不大。华尔街有些投行见索罗斯急于出货，便落井下石，趁机打压有关指数成分股。这让索罗斯的量子基金更是雪上加霜。

外界一直猜测索罗斯在这次股灾中到底赔了多少，据报道，他大约损失了 6.5 亿—8 亿美元。不过，按照索罗斯好友拉斐尔的说法，索罗斯一直在说服世人，自己的损失远远没有那么大。

失败不重要，重要的是如何转败为胜。

就像索罗斯自己所说："想活是本能，能活是本事。经过小时候逃脱纳粹追捕，在我的一生中再没有比死亡更可怕的事了，只要不死，就有办法。"

股市崩盘后，索罗斯没有坐以待毙，而是立即认赔出场，低价出掉所有投资组合。然后，他用所剩的资金再加上融资，建立美元仓位。到年底，量子基金的增长率重新回到 14%，成功逆袭。

这么快就能翻盘，即使在华尔街也不多见，这样的奇迹也只有索罗斯这样的老江湖能实现。

5. 狙击英镑，打败英格兰银行

1989 年 11 月，柏林墙轰然倒下，德国统一。

这是全球地缘政治格局的重大改变，从此，冷战结束，华约解体。柏林墙倒下的那天，现场民众一片欢腾，在他们眼里，一个新的统一的德国将会迅速崛起，带领欧洲大陆走向新的繁荣。

出生于匈牙利的索罗斯，当然也高度关注此事。不过，作为金融大鳄，索罗斯的目光比普通民众深远得多。老百姓憧憬新德国成为欧洲新的火车头，他却不这样认为。冷静分析后，他认定，由于要重建原东德，新德国势必要过一段苦日子。这个时期，德国将自扫门前雪，无暇帮助他人。

事实证明，索罗斯这一判断非常精准。

新德国自顾不暇，让整个欧洲的政治经济格局出现了前所未有的混乱，进而影响到各国汇率及资本市场走势。这无疑孕育着很多市场机会。于是，像索罗斯这样的全球金融大鳄差不多同时盯上了欧洲。

这时候，谁也没有想到，这场混乱中最大的倒霉蛋会是英吉利海峡那边的英国。

英国被金融大鳄们盯上，可以说完全是自找的。

当时，年轻的英国首相梅杰雄心勃勃，总想在欧洲大陆享有更大的话语权。因此，在他执政时期，英国积极参与欧洲事务。

1990 年，英国加入欧洲汇率体系。1992 年 2 月，英国又签订了《马斯特里赫特条约》。

作为政客，梅杰及其保守党执政团队为此沾沾自喜，似乎重新找到了"大英帝国"昔日的荣光。但在索罗斯眼里，梅杰几乎是在找死。他认为，加入欧洲汇率体系，英国犯下了大错。而签订《马斯特里赫特条约》，则替英国套上了一条绞索。

他的理由是，欧洲汇率以德国马克为核心，英国加入欧洲汇率体系前英镑对德国马克的汇率大致在1∶2.95。但英国当时经济衰退，英镑明显被高估，以现有汇率作为条件加入，代价极其昂贵。更要命的是，各国货币不再钉住黄金或美元，而是相互钉住，且只允许在一定的汇率范围内浮动，一旦偏离，各国央行有责任干预。这相当于困住了各国央行的手脚，变相"自废武功"。

当时，被高估的货币不只是英镑，还有意大利里拉。

索罗斯认为，这个要求各国货币相互钉住的汇率体系，完全是作茧自缚。那些被明显高估的货币，将成为整个链条里最薄弱的环节。而德国这个新老大尚且自顾不暇，哪里有精力去照顾周边的小弟。何况，历史上英德之间有许多的恩恩怨怨，如果英镑汇率告急，德国很可能置之不理。事情如果照此发展的话，那么，做空英镑、意大利里拉将成为一个巨大的投资机会。

欧洲汇率体系设计中的这个漏洞，被以索罗斯为代表的金融大鳄们敏锐地发现了。于是，一场无声的货币狙击战开始了。

加入《马斯特里赫特条约》后不久，英国经济衰退速度加快，商界领袖强烈要求降息刺激出口。这时，欧洲汇率体系弊端开始显现，为了维持英镑对德国马克的汇率，英国政府没法答应降息的要求。

让英镑贬值的另一个办法是德国马克率先降息。梅杰政府向德国政府提出了这个要求，但德国联邦银行担心降息会引发国内通胀进而导致经济崩溃，就一口回绝了。

此时，英国政府却死要面子，打算硬撑下去。

这年夏天，梅杰和财政大臣在各种公开场合一再重申坚持现有政策不变，英国有能力将英镑留在欧洲汇率体系内。

政客们的嘴硬，瞒不过金融大鳄们的眼睛。

索罗斯深信，英国不可能保住它在欧洲汇率体系中的地位，英国政府只是虚张声势罢了。进入秋天后，他开始具体安排做空英镑与意大利里拉的整体部署。

关于量子基金狙击英镑的具体操作，曾传出一个小段子。

1992 年刚入秋，索罗斯旗下基金经理德鲁肯米勒向索罗斯汇报，他认为英国政府关于英镑不会贬值的许诺是嘴硬心虚，因此，他建议投放 20 亿美元做空英镑。

相对于量子基金当时的资金规模，20 亿美元似乎用得有些多了，因此，德鲁肯米勒一直担心老板不会同意。

不料，听取了他的汇报后，索罗斯只说了一句话，这句话后来也成为华尔街的名言："如果你相信自己是正确的，为什么只投入这么少？"

索罗斯的决定是，追加 5 倍做空资金，将做空英镑的资金扩大到 100 亿美元。这可以说是索罗斯有生以来的最大下注。

这个段子的大部分内容可信，不过，在这场做空英镑的战役中，量子基金的具体布局略有出入。

据说，实际情况是这样的，索罗斯的做空头寸是逐步加大的，他累计卖空了价值 70 亿美元的英镑，同时买入了价值 60 亿美元左右的德国马克和一部分法国法郎。此外，他还买入了 5 亿美元的英国股票，同时卖空了德国的股票，他下注英镑贬值后股市会上涨，而德国正好相反。

这样的布局符合索罗斯的操作习惯，之前，他不止一次这么干过。

盯上欧洲汇率的不止量子基金一家，据说，华尔街多家对冲基金都参与了，还有一些著名金融机构，比如 J.P. 摩根银行和纽约化学银行。

这些金融大鳄像闻到带着血腥味的鲨鱼，从全球各地涌向外汇市场，都想在英镑、意大利里拉对德国马克汇率上咬一口。在国际炒家们的推波助澜下，英镑对德国马克的比价在不断下跌，从 2.95 跌至 2.85，又从 2.85 跌至 2.7964。

当然，英国当局不会束手就擒，指令英格兰银行顽强反抗。为了防止投机者使英镑对德国马克的比价低于欧洲汇率体系中所规定的下限 2.778，英格兰银行购入 33 亿英镑来干预市场。

"豺狼多了咬死老虎。"在全球汹涌而至的投机者面前，这些钱似乎是杯水车薪，根本挡不住英镑贬值的趋势。

9 月中旬，危机终于爆发。

意大利里拉首先熊了！市场上，意大利里拉即将贬值的谣言到处流传，意大利里拉的抛盘如决堤的江河汹涌而出。9 月 13 日，意大利里拉贬值 7%，极端逼近欧洲汇率体系限定的浮动红线，情况极为悲观。

这种市场态势，让索罗斯坚信，英国、意大利等一些成员国最终退出欧洲汇率体系在所难免。据说，就在这时候，他决定大幅增加做空的仓位。

9 月 15 日，索罗斯大量做空英镑，英镑对马克的比价一路下跌至 2.8。

面对咄咄逼人的做空势力，英国财政大臣莱蒙绞尽脑汁，采取了各种措施来应付这场危机。据说，他首先从国际货币基金组织贷款，总共动用了 269 亿美元的资金买入英镑。接着，他再次请求德国降低利率，但德国再一次拒绝了。最后，他请求梅杰首相将本国利率上调 2%—12%，希望借此吸引货币的回流。

一天之内，英格兰银行两次升息，国内利率已高达 15%。

英国当局的苦心孤诣，丝毫没有打动市场。到当日傍晚收市，英镑的汇率最终还是未能站在 2.778 的最低限上，事实上已处于退出欧洲汇率体系的边缘。

当天夜晚，英国内阁连夜召开紧急会议。

会上，一种屈辱和无能的情绪笼罩着首相梅杰和财政大臣莱蒙。保守党内阁成员们对首相十分同情，指责德国夸夸其谈从而使英镑贬值。

面对国际炒家的凶猛狙击，挣扎半个月后，9 月 16 日凌晨，弹尽粮绝的梅杰内阁被迫宣布：自即日起，英镑正式与欧洲汇率机制脱钩。这一天从此被称为"黑色星期三"。某种意义上，它也宣告了英国政客复辟"大英帝国"荣光的最后努力失败。

国际炒家赢了！

这场空前的汇率大战，最终以英国政府认输宣告结束，历史上还从未有主权国家败给金融大鳄的先例。而索罗斯则成为最大的赢家，被媒体称为打垮了英格兰银行的人。

这一消息在全球引起强烈反响。

英国《每日电讯》迅速在头版做了报道，巨大的黑体大标题是："由于英镑暴跌，我获利 10 亿美元"，标题下方是索罗斯的照片，他面带微笑，手拿酒杯。

10 月 26 日《泰晤士报》刊登了对索罗斯的专访。

"我们做了许多英镑的卖空业务，所以赚了许多钱。在汇率机制崩溃之前，我们成了市场上最重要的交易商。在黑色星期三之前，我们在市场上的业务量达到 100 亿美元。我们计划出售其中的大部分。事实上，当莱蒙在货币贬值之前说他将借贷 150 亿美元来捍卫英镑时，我们十分高兴，因为这正是我们计划抛售的。

"但事情的发展超过我们的设想，我们还没来得及占领足够大的市场份额，英镑就退出了汇率机制，10 亿美元也是我们早先估计到的收益。虽然是美元而不是英镑。"

当记者凯利斯问索罗斯，为什么把他的资金投在英国如此顽固执行而最终功亏一篑的政策上。索罗斯说，他相信，德国联邦银行希望意大利里拉和英镑贬值，而不是法郎。"我感觉把赌注下在德国联邦银行上比较安全。联邦银行清楚表明它希望意大利里拉和英镑贬值，它准备保护法郎。最后，联邦银行得分为 3∶0，投机商们为 2∶1，我由于坚决站在德国联邦银行一边而比其他商人做得好。"

当被问及如果梅杰在星期三之前提高利率，英国的结局是否有可能更好时，索罗斯回答："这绝对是胡说八道，如果利率提升，这将鼓励我们加快抛售，因为市场的运作由于利率提升而加快。事实上，我们直到周末也不希望货币贬值，但当星期三利率被提升上去时，我们认识到不能再等了，我们不得不快速抛售以占领我们的市场份额。"

这一战，让索罗斯真正在全球闻名。

"从那次访谈开始，他成为这个国家的一位名人，而在那之前没有人听说过他。"《泰晤士报》记者凯利斯这样感叹地写道。

对于被迫退出欧洲汇率体系，莱蒙没有道歉，相反他为自己做出的英镑汇率浮动的决定进行辩护："我昨天所做的只是一种在金融旋风前的常识性的决定而已。"

从此，索罗斯成为各国政府惧怕的人，他走到哪里，哪里的财政高官都十二万分小心。之后，他还曾多次做空各国货币，在全球不时刮起索罗斯旋风。

附录 1　乔治·索罗斯的做空策略

（1）自成一家，创立反射理论

在全球大师级投资家中，索罗斯算是一个比较另类的人物，这是一个敢于蔑视一切传统学说、自创理论新流派的人，也因此形成自己在当代金融界的独立地位。

索罗斯的贡献在于，他在实战中发现市场有效假说的不足。索罗斯说："必须要从头到尾地重新思考经济理论，因为那些效率市场假说、理性选择理论所支持的典范，实际上都破产了，与雷曼兄弟之后全球金融系统的破产类似。"

他第一个将投资者与市场之间的互动提升到足够高的地位，并因此创立"反射理论"。"市场能够影响其所期待的事件，"在索罗斯看来，"在认知和现实之间存在一个双向的自反联系，这是一种起初会促进自我强化，但最终会导致自我击溃的过程，或者可以说，这就是泡沫。每个泡沫都是由一种趋势和一个错误的概念以自反的方式相互作用而形成的。"

在此基础上，他总结出市场多空转变过程中的"盛—衰"序列的经典形态，并以此指导自己的投资实战，借助市场羊群效应，取得巨大成功。

（2）善于发现市场重大漏洞

在索罗斯的投资生涯中，除了与罗杰斯合作的那 10 年，他的很多收益不是来自常规投资，而是来自主动做空，而且，这种做空资金规模巨大，基本上是那种成则巨富败则破产的豪赌。这除了源自他本人自幼闯荡世界带来的胆识，更多的还在于他有一双发现市场重大漏洞的慧眼。狙击英镑就是因为索罗斯发现了欧洲汇率体系中不可协调的巨大矛盾。

索罗斯认为，这个要求各国货币相互钉住的汇率体系，完全是作茧自缚。那些被明显高估的货币，将成为整个链条里最薄弱的环节。而德国这个新老大尚且自顾不暇，哪里有精力去照顾周边的小弟。何况，历史上英德之间有许多的恩恩怨怨，如果英镑汇率告急，德国很可能置之不理。事情如果照此发展，做空英镑、意大利里拉将成为一个巨大的投资机会。

欧洲汇率体系设计中的这个漏洞，被以索罗斯为代表的金融大鳄们敏锐地发现了。于是，一场无声的货币狙击战开始了。后来做空泰铢等东南亚国家货币，基本上也是这个套路。

（3）市场转折后敢于重仓押注

索罗斯认为，"投资成功的秘诀就在于认识到形势变化的不可避免性，及时确认形势发生逆转的临界点"。当临界点出现的时候，采取恰当的投资策略，有计划地建仓，充分利用市场不稳定的状态，将获得巨大收益。

1992年9月中旬，欧盟货币危机终于爆发。9月13日，意大利里拉贬值7%，极端逼近欧洲汇率体系限定的浮动红线，情况极为悲观。这种市场态势，让索罗斯坚信：英国、意大利等一些成员国最终退出欧洲汇率体系在所难免。

这时候，索罗斯决定大幅增加做空的仓位。据说，实际情况是这样的，索罗斯的做空头寸是逐步加大的，他累计卖空了价值70亿美元的英镑，同时买入了价值60亿美元左右的德国马克和一部分法国法郎。

"如果你相信自己是正确的，为什么只投入这么少"这句话后来也成为华尔街的名言。"你正确或错误并不是最重要的，最重要的是，你正确的时候能赚多少钱，错误的时候会亏多少钱。"对于一个投资者来说，最重要的事是"正确性的量级"，而不是"正确的频率"有多高。

（4）勇于承认并迅速改正错误

顶级投资家中，像索罗斯这样大起大落的不多，好在他笑到了最后。

"我富有，只是因为我知道我什么时候错了。我基本上都是因为意识到自己的错误而'幸存'下来的……我们应该意识到，人类就是这样：错了并不丢脸，不能改正错误才丢脸。"

1987年10月19日，美股遭遇"黑色星期二"，索罗斯的量子基金因为重仓美股而遭受重创。外界一直猜测索罗斯在这次股灾中到底赔了多少，据报道，他大约损失了6.5亿—8亿美元。不过，按照索罗斯好友拉斐尔的说法，索罗斯一直在说服世人，自己的损失远远没有那么大。

失败不重要，重要的是如何转败为胜。他强调："想活是本能，能活是本事。经过小时候逃脱纳粹追捕，在我的一生中再没有比死亡更可怕的事了，只要不死，就有办法。"

股市崩盘后，索罗斯没有坐以待毙，而是立即认赔出场，低价出掉所有投资组合。然后，他用所剩的资金再加上融资，建立美元仓位。到年底，量子基金的增长率重新回到14%，成功逆袭。这么快就能翻盘，即使在华尔街也不多见，这样的奇迹也只有索罗斯这样的老江湖能实现。

附录2　乔治·索罗斯的人生轨迹

1930年8月12日，乔治·索罗斯出生于匈牙利布达佩斯。

1944年，随着纳粹对布达佩斯的侵略，索罗斯的幸福童年宣告结束，随全家开始了逃亡生涯。凭借假身份证和好心人提供的庇护，他终于躲过了那场劫难。

1947年，随家人移民至英国。

1949年，为了改变自己的命运，索罗斯考入伦敦经济学院。

1953年，进入金融业，从事黄金等商品和股票的套利活动。

1956年，迁居到美国，到纽约任职交易员，负责买卖股票。

1963年，索罗斯开始在阿尔霍德－布雷奇罗德公司工作。由于他在欧洲形成了联系网络，而且他能够讲欧洲多国语言，包括法语、德语等，索罗斯自然而然地成了经营欧洲证券领域的开拓者。

1973年，索罗斯与搭档罗杰斯离开阿尔霍德－布雷奇罗德自立门户，共同创建了索罗斯基金管理公司。

1975 年，乔治·索罗斯开始在华尔街引人注目。

1979 年，索罗斯决定将公司更名为量子基金，来源于海森堡量子力学的测不准定律。

1988 年，聘请德鲁肯米勒处理日常交易，索罗斯专注打理慈善工作。

1992 年，对赌英镑贬值，获利 10 亿美元。

2000 年，德鲁肯米勒离职，索罗斯把更多资金交托组合经理管理。

2008 年，次贷危机爆发后，索罗斯与保尔森会面，做空房贷担保债券，大赚一笔。

2011 年，在《福布斯》全球富豪榜占第 46 位，身家达 145 亿美元。

2011 年 7 月 27 日，乔治·索罗斯宣布结束 40 多年的对冲基金经理生涯，退还了所有客户资金，并专心打理自己的家族基金。

2012 年，做空日元，至少赚 10 亿美元。

2015 年 1 月 22 日，乔治·索罗斯在达沃斯经济论坛晚宴上宣布退休，把家族基金交由投资总监斯科特·拜森特负责。

2018 年 12 月，乔治·索罗斯成为 2018 年英国《金融时报》年度人物。

第五章

约翰·邓普顿：

做空纳斯达克！数周大赚 8000 万美元

1999 年 12 月 31 日，美国东部时间下午 4 点，纳斯达克指数收于 4069.31 点，全年大涨 85.59%。这是美国创业板开通以来涨幅最大的一年。

这一年，火爆的牛市让华尔街多家基金公司赚得盆满钵满。圣诞节前后，大多数基金经理都早早离开办公室外出度假，很少有人会留在办公室里坚守到年末最后一个交易日。

就在这世纪之交的日子里，约翰·邓普顿给他的一位朋友发去一份传真，传真上列了一长串名单，都是纳斯达克科技股的名字。

这位被誉为"20 世纪最伟大的投资家"之一的老人可不是让朋友去追涨买入，相反，他强烈建议其趁目前的点位逢高做空。

此时，纳斯达克平均市盈率已突破了 100 倍，许多科技股都是"PPT 公司"，全靠故事支撑，有的连产品都没有，因此，连市销率都没法算。虽然已是耄耋之年，但约翰·邓普顿依然慧眼如炬，透过华尔街的喧嚣，他看到了美国科技股泡沫破灭已为时不远。

从那时起，约翰·邓普顿就开始做空纳斯达克，创造了他投资生涯中的一段另类传奇。

1．读大学时开通第一个股票账户

与华尔街许多大师相比，邓普顿虽然出身名校，年纪轻轻就出道，但真正成为举世闻名的投资家时，他已近老年，算得上大器晚成。

俗话说："男孩七岁看到老。"从这点来说，邓普顿算是自小就比较出众的人物。

1912 年 11 月 29 日，邓普顿出生于美国田纳西州温彻斯特市的一个小镇，父亲是一名律师兼棉花商。只是这位律师更多的时候不是去出庭打官司，而是做生意。他有多次商业冒险的经历，常常冲动投资且缺乏储蓄意识，这样折腾下来，不仅没有致富反而把家底越折腾越薄。

相对于瞎折腾的父亲，母亲对邓普顿的影响更深远，她尊重邓普顿的好奇心，鼓励他去独立探索。她酷爱旅游和冒险，这也成为邓普顿日后周游世界的榜样。

虽然家中经济状况不稳定，但母亲还是尽力为邓普顿的成长创造了一个宽松自由的环境，灌输给他"帮助别人就能成功"的观念，这对他日后管理资金做投资顾问的工作很有启发。正是这样的家庭教育环境，让邓普顿成长为一个有着强烈进取心、乐于探索未知与节俭勤奋的优秀青少年。

幼年时，邓普顿常常到父亲的律师事务所玩。事务所对面的场地，经常举行拍卖会，低价出售农场。从事务所的窗口看过去，视野极佳，能清楚地看到整个拍卖过程。因此，市场竞拍的情景在他脑中留下深刻印象，撒下了资本博弈的种子。

8 岁时，小邓普顿就尝试着做生意赚钱。

那时，小伙伴们都爱玩烟花，但当时温彻斯特并没有烟火商店。经过打听，他从其他州找到了一家做低价批发业务的邮购商，利用假期预购了各种烟花玩具。假期囤货完毕，开学后他就转手卖给小伙伴们，从中赚取利润。

"这段经历让我从小就懂得了，投资成功的前提是做足功课并极力寻找便宜货。"邓普顿后来回忆道。

虽然偶尔做些小生意，高中毕业前的邓普顿，给家乡人留下的主要印象还是学霸。

当时，温彻斯特学子的梦想都是上常春藤名校，特别是耶鲁大学。

邓普顿从小就成绩优异，考入耶鲁大学不是难事。高一时，他看了耶鲁的招考要求，才知道自己在温彻斯特高中不可能考上耶鲁。因为耶鲁大学入学要求比较高，报考的学生需要学习多门课程，其中有一门课在温彻斯特高中根本就没开设。

这时候，一向不服输的邓普顿没有认命，他找到校长，要求学校开设这门课。校长提出需要八名学生和一名老师才能开课，对此，邓普顿没有气馁，他自荐为老师，并找齐了同学，将这门课开起来，并最终通过了考试。

三年后，邓普顿顺利考上耶鲁大学，也成为镇上第一批上大学的人。

不幸的是，邓普顿的大学生活，正好赶上 20 世纪 30 年代的大萧条时期。更不幸的是，他的父亲也和千万人一样，破产了。

"1931 年，我大学二年级开学之初，父亲语气沉重地告诉我，他已无法再为我负担哪怕是 1 美元的学费了。当时，这个消息对我来说不啻当头一棒。不过现在回想起来，这对我而言却是再好不过的事了。"谈起当初的感受，功成名就后的邓普顿依然感慨不已。

对于父亲这个不成功的商人，邓普顿的感情一直非常复杂。

父亲的商业冒险，虽然造成了家庭经济的窘境，但对邓普顿未来的投资生涯影响很大。年幼时，他目睹了父亲的几次商业冒险经历，亲历了由此之后家庭从富裕变到一贫如洗的全过程，以致他需要自己借钱上大学。

但这些经历，无疑给邓普顿上了一堂又一堂真切的风险管理课，让他很小就懂得了资本市场的行情诡谲莫测，懂得了纸上富贵"来得快去得更快"的道理。

经济来源的断绝，逼迫邓普顿更加勤奋学习，连续两年拿到头等奖学金，解决了学费问题。而含辛茹苦的母亲，则靠卖蔬菜与鸡蛋积攒了一些钱，又找亲友借了 200 美元，帮邓普顿向耶鲁大学就业部缴纳会费，以便他从事各种兼职，赚取生活费用。

大学期间，邓普顿做了人生第一次股票投资。

那是 1934 年年初，邓普顿与一些同学负责编辑耶鲁年鉴，年鉴编辑完成后，他分到了 800 美元奖金。他用这笔钱与室友一起开了一个股票账户，买入了价值 700 美元的标准燃气电力公司的优先股，因为大萧条，当时这只股票折价 12% 交易。

"从最初的 800 美元和后来的积蓄，最后发展到现在我所拥有的全部。" 42 年后，接受媒体采访时，邓普顿深情回忆说。

事实上，这时候，邓普顿已立下了进入投资领域的志向。

这年夏天，邓普顿以优异的成绩从耶鲁大学经济学专业毕业，并获得罗德奖学金，赴牛津大学贝利奥尔学院学习，后获得法律硕士学位。在牛津期间，他通过选修价值投资鼻祖格雷厄姆的课程，对逆向投资产生了浓厚兴趣。

从牛津大学毕业时，邓普顿与一位好友，花了 7 个月横穿欧洲大陆，进行了一趟典型的穷游。旅程中，他们游历了 27 个国家，亲眼看见了柏林奥运会的举行与希特勒的崛起，见识了美国与英国之外的广阔世界。

这一趟旅行，对邓普顿的人生影响很大。他后来将投资重心面向全球而不仅仅局限于美国市场，成为全球化投资的先驱，很大程度上源于这次旅行开阔了他的眼界。

2. 突袭股市，104 只垃圾股赚了 3 倍

作为 20 世纪最著名的逆向投资者，邓普顿曾经这样总结自己几十年的投资经历："在大萧条的低点买入，在疯狂非理性的高点抛出，并在这

两者间游刃有余。"但真正能做到像他这样潇洒的，又能有几人呢？

首先，邓普顿确实做到了在大萧条时买入。

1937 年，邓普顿回到美国，进入美林证券的前身公司之一芬纳 - 比恩工作，开始了华尔街生涯。

不过，干了不到半年，一位在西部石油勘探公司工作的牛津校友邀请邓普顿跳槽过来做会计，待遇比在美林高得多。那时，刚毕业的他恰好刚刚结婚，正需要钱，因此，他几乎没怎么犹豫，就收拾东西去了西部。

"他们几乎提供了相当于当时美林公司两倍的工资，而我认为我也需要补充关于公司运营的实践经验，所以我辞去了美林的工作去了那家石油勘探公司。工作的第 3 年年末，我获得了一些这家公司的股票，是在公司的帮助下才买下这些股票的，这些股票为我接下来没有收入的 5 年提供了生活费。事实就是，在一穷二白的时候，我开始了自己的人生，我靠自己的力量读完了耶鲁，靠奖学金读完了牛津。"

从这家石油勘探公司辞职前，1938 年，邓普顿花 5000 美元在华尔街买下一家小型投资咨询公司，并以自己的名字命名，将公司的办公地址设在日后著名的洛克菲勒中心。

两年后，邓普顿从石油勘探公司辞职，并将这家小型投资咨询公司与另一家同类公司合并，组建了全新的投资公司。作为实际控制人，为了减少开支、降低成本，邓普顿将大多数员工与业务迁移到距离曼哈顿北部 15 千米的恩格伍德，这里到华尔街有地铁可以直达，大约需要 45 分钟。

正在邓普顿规划独立创业的时候，第二次世界大战爆发了。

那是 1939 年秋天。当时，大多数人认为战争会拖垮经济，带来大规模失业。因此，在这个关头辞职创业，确实需要巨大的勇气与魄力。

邓普顿虽然没有附和大多数人的观点，但他还是仔细研究了战争对美国经济的影响。令他惊讶的是，无论是美国内战还是第一次世界大战，不仅没有让美国经济衰退，相反，战争极大地刺激了对商品的需求，政府开支将支持经济发展，特别是交通运输业。由于生产出来的商品需要通过全美各地的交通路线包括铁路进行运输，因此铁路运输以及其他相关的上下游产业都将出现繁荣。

此外，邓普顿还研究了美国历史上曾经实行的战时税收政策。他发现，经营良好的公司因为战时经济的繁荣获得的额外收益，会被政府征收税率高达85%的所得税；而过去处于亏损的公司不需要缴纳这样的税收，因为现在的利润需要弥补以前的亏损。因此，这些亏损股在战争期间往往表现得比绩优股更好。

这一发现，让邓普顿又惊又喜。惊的是，这确实违背了人们的投资常识；喜的是，这些被人看不起的股票，给他这样的有心人带来了一次极好的投资机会。

遗憾的是，刚刚整合自家公司的邓普顿已没有多少钱，但他还是做了一个非常大胆的决定：借了1万美元买股票。比借钱买股票更大胆的是，他所购买的股票全是那些已经破产或者濒临破产的边缘化公司，这些股票的价格全部低于1美元。

据说，这1万美元，是邓普顿向之前的老东家——那家石油勘探公司借的，那些股票也是通过他的另一个老东家——美林证券买入的。更让人惊讶的是，他只叮嘱经纪人帮助买入所有每股1美元以下的股票，至于这多达104只股票的公司名称，有很多他都不知道。

当时的1万美元，相当于2010年时的15万美元，是普通美国人年薪的好几倍。对于一个不到30岁的年轻人来说，拿这么大一笔钱，去做这么大一笔投资，这确实出乎很多人的意料，更不是一般人敢想象的。

可以说，这完全是一次鲁莽的行动。

多年后，邓普顿回忆这次股市突袭行动时说：

"德国闪击波兰那天，我告诉自己没有什么比战争更能让企业挣扎求生的了。因为大萧条刚结束，纽交所中有 100 多只股票跌至不足 1 美元，所以我打电话给美林，告诉他们'帮我买入所有低于 1 美元的股票，每只买 100 美元'。这一举动被证明是极为幸运的。4 年内，我的资金翻了 4 倍。"

事实上，这 104 只股票中，有 37 只最后破产，但整体上这笔投资还是取得了非常好的回报。具体而言，1940 年以前经常亏损的公司股票在 1940 年以后的 5 年里平均上涨了 10 倍，而 1940 年以前从不亏损的公司股票在 5 年里只上涨了 11%。这验证了邓普顿买入前的分析判断是正确的。这次成功对其日后投资风格的影响很大，基本上形成了其"便宜货猎手"的逆向投资方法。

第二次世界大战期间，美国股市涨幅不大，但整体上还是震荡向上的，这也让处于创业初期的邓普顿的公司得以生存发展。但是，第二次世界大战结束后的经济萧条与冷战，让全球股市陷入熊市，也让邓普顿及其合伙人面临严峻考验。

在 20 世纪 40 年代后期到 50 年代的大熊市里，许多投资咨询公司消失了，但邓普顿的公司却活得很好。据邓普顿当年致客户的信中披露，1938—1954 年这 16 年间，他们的收入增长了 25 倍，资产净值增长超过 20 倍，员工人数增长 6 倍，营业网点从 1 个城市扩大到 5 个，从美国扩展到加拿大。

这 16 年里，公司能逆势成长，关键在于邓普顿带领团队，根据客户具体情况，量身定制，进行有规划的投资。

具体而言，就是通过量化的评估标准，高度关注股市当前个股、大盘指数估值与历史统计数据之间的差异，当个股与大盘指数估值明显高于历史均值时就及时进行仓位调整。对于个股，及时把高估值的股票换成低估值股票；对于大盘，当股指偏高于历史估值时，就降低股票敞口，买入债券；相反，则卖出债券买入股票。

这一策略后来被称为"耶鲁法"，因为耶鲁大学捐款基金运用这一方法取得了出色的收益纪录。客观地说，邓普顿是最早发现并实践这一投资策略的人之一。

令很多人感到困惑的是，作为中长期投资者，邓普顿究竟是怎样评估大盘指数与个股当前的估值高低的？

通过邓普顿与助手们的回忆录可以发现，这个标准既不是体现过去业绩的市盈率，也不是体现当年业绩的市盈率，而是体现未来5年时间内业绩增长的市盈率或者市增率。

"不，我们不想看今天的市盈率。我们想要知道的是5年后的市盈率。让我们关注未来，而不是过去和现在。"邓普顿的爱徒，目前管理邓普顿·富兰克林集团一系列极其成功的新兴市场基金的马克·莫比乌斯回忆说，邓普顿经常这样告诫他。

这一标准与邓普顿基金长期向客户提出的至少持股5年的投资建议是一致的。而奇妙的是，以5年为基准期计算的投资业绩来看，邓普顿旗下的公司与基金从未亏损过，而且始终跑赢了市场。

3. 引进牛人，让基金18年增长160倍

1954年，邓普顿进入共同基金领域，创办了邓普顿基金集团。那只代表着其投资成就的邓普顿增长基金就是这一年在加拿大成立的。

这只基金能够成立，得益于美国监管政策的松动，以及投资所得税上的优惠。而对外吸引客户的口号，则是将部分资金投向全球市场，可以分享其他国家经济成长的红利。

一家优秀的基金公司，最核心的能力有两个：一是投资能力，一是筹资能力。

在投资能力方面，邓普顿可谓是一流的。从做投资顾问时起，他对个股基本面与指数大势分析判断的能力就是出类拔萃的，而量化分析有规划配置的资金管理策略，更是保证了其客户资产的稳健增长。

但是在筹资能力方面，邓普顿可就不那样尽如人意了。严格意义上说，邓普顿不是一个优秀甚至合格的基金销售人员。一开始，他总是希望像做投资顾问时那样，以自己的投资业绩树立口碑，吸引客户。因此，他们实行的是无佣金销售。

1958 年，意识到销售重要性的邓普顿，与威廉·G.达姆洛斯合作，后者是营销专家，曾写过畅销书《怎样在 40 岁以前成功》。两人成立了邓普顿·达姆洛斯公司，联合管理邓普顿基金集团的基金销售。当时，在邓普顿心目中，自己依然是一个咨询分析师的角色，而不是基金经理。因此，两人合作后，基金销售的起色依然不大。

所以，在邓普顿增长基金成立的最初 10 年，基金业绩还不错，能跟上当时摩根士丹利的环球指数，但影响力不大，甚至说没有，基金规模发展缓慢。

1958 年时，超过 30 只主要由美国投资者持有的加拿大基金中，邓普顿增长基金的管理规模排倒数第二。只有一只基金资金少于邓普顿增长基金 400 万美元，有几只基金的资产规模是邓普顿增长基金的 5 倍到 10 倍。

因此，那个时候，作为基金经理，邓普顿可以说是默默无闻，很少有人关注他的这只小基金。而且，因为中间的一次重组改名，基金曾遭遇大规模赎回，只剩下原有规模的 1/3 多一点。

20 世纪 60 年代初，邓普顿出售了其投资咨询公司，并成立了一家全新的邓普顿管理公司，开始全身心投入基金管理业务。但以投资分析见长的邓普顿，还是没能把基金销售搞上去。

这一切，直到 1974 年一位营销高手出现，才真正得以改观。

有一天，邓普顿坐在办公室里，一名男子走进来告诉他，战争期间自己是一名飞行员，但现在希望成为一名销售。这位男子认为邓普顿在投资方面表现出色，所以问能否为他卖基金。

"我没有钱付你工资。"邓普顿说。

"没关系，我可以拿佣金。"这个男子回答。他就是杰克·加尔布雷斯。

走进邓普顿办公室之前，杰克·加尔布雷斯已经在基金行业干了多年。作为一名经验丰富的会计师，他了解到邓普顿增长基金的业绩表现后，认定这是一家有着巨大潜力的基金公司，只是由于不会营销，当时还没有被世人认识。

"他（杰克·加尔布雷斯）的妻子负责干所有的事情，除了打电话给中介商，这是杰克的工作。"邓普顿这样描述这对营销明星夫妻的内部分工。

每个工作日，杰克会走进一家中介商的办公室，寻找空闲的职员向他们咨询："你能告诉我收益最好的共同基金吗？"这些人通常会说出一些基金的名字。这时候，杰克会说："看看这只基金！"

接着，杰克会将邓普顿增长基金的业绩增长图表展示给对方。这显然会引起中介商的注意，他们中的许多人便开始向其顾客推荐这只基金。当然，前提是杰克会给他们一些佣金，这些佣金他自己也会留一些。

就这样，邓普顿增长基金的资金管理规模开始快速增长。

"这一切就像是魔术。"邓普顿感叹说。

邓普顿与杰克的合作，获得了巨大的商业成功。4年内，邓普顿增长基金的规模从1300万美元扩大到1亿美元。到20世纪80年代，得益于里根政府的重商政策带来的大牛市，邓普顿基金集团的资产规模达到数十亿美元。

合作开始不久，杰克曾向邓普顿提出一个方案，如果他在10年内让基金的资产翻 10 番，他将最终收购邓普顿基金公司。邓普顿当然不会同意，为了维持合作，他提议如果杰克夫妇能使基金资产 10 年翻 10 番，那么，他们可以获得基金管理公司 20% 的股份。

虽然有些失望，杰克最终还是接受了这一建议。这些股份后来变得很值钱。

1992 年，当邓普顿决定把基金公司以 4.4 亿美元卖给富兰克林资源公司时，邓普顿基金集团已拥有 213 亿美元的资产，旗下有超过 70 只基金，包括那只 1997 年设立、由马克·莫比乌斯管理的新兴市场基金。

这时候，邓普顿家族与杰克夫妇拥有基金管理公司 70% 的股份，这让杰克夫妇成为极其富有的人。

值得关注的是，正是在与杰克合作以后，在基金规模扩大的同时，邓普顿增长基金才开始持续跑赢市场，其绝对收益纪录才真正引起广大投资者关注，给人留下深刻印象。

与此同时，在杰克的安排下，邓普顿开始走出华尔街的金融小圈子，走向社会，面对大众。

他 15 次做客优秀电视节目《今夜华尔街》，在报刊上发表文章，讲述自己的投资观点。

1982 年，市场情绪极度悲观，《商业周刊》的封面故事甚至公开宣称"股票已死"。就在此时，邓普顿在《今夜华尔街》节目中呼吁投资者积极入市，并公开预测，当时以低于 850 点水平交易的道琼斯工业平均指数将在 10 年内达到 3000 点，现在正是一个千载难逢的时机。而事实证明确实如此，1991 年，道琼斯指数确实达到了 3000 点。这让他在全球范围内赢得"逆向投资大师"的名号。

1978 年，邓普顿第一次登上《福布斯》杂志封面。

事实证明，好酒也怕巷子深。

如果没有杰克夫妇这对营销明星加盟，很难想象邓普顿旗下基金能获得如此优异的增长业绩，邓普顿本人恐怕也不会这么快获得全球性的市场大师称号。

4．全球布局，西方不亮东方亮

西方不亮东方亮，黑了北方有南方。

作为全球化投资的先驱，邓普顿很早就开始在全球各地投资。1954年在加拿大成立的邓普顿增长基金，就是一只全球化投资基金。因此，美国《福布斯》杂志称他为"全球投资之父"。1968年，邓普顿离开了美国，长期居住于巴哈马。他认为，长期生活在曼哈顿，华尔街的噪音太大，很难进行逆向操作。移居巴哈马后，静下心来的邓普顿，在筹划扩大基金营销的同时，也把目光从美国转向更广阔的全球市场。

20世纪70年代，受欧佩克石油禁运与国内通货膨胀影响，美国股市开始走熊，这一跌就是多年。这时，为了保障客户的收益，邓普顿决定大幅卖出美股，将大部分资金投向日本市场。

事实上，邓普顿早就开始关注日本经济成长。20世纪50年代初期，邓普顿就在日本找了一位会讲英语的经纪人，将自己的私人积蓄投资到了日本股市。

第二次世界大战后，日本作为战败国，经济从最低点慢慢恢复。

整个20世纪50年代，日本都被看作是一个廉价商品的低收入制造商，在世界上不受重视。进入60年代，日本的经济发展步入快车道，开始吸引海外投资者的关注。

20世纪60年代初，日本GDP年均增长速度为10%，日本股市的平均市盈率大约是4倍；同一时期，美国GDP增速大约为4%，美国股市的平均市盈率大约是19.5倍。换句话说，当时日本经济增速是美国的2.5倍，但日本很多股票的估值却比美国股票平均低了80%。

日本股价如此便宜，一方面是因为其外汇管制，外部资金进出不方便；另一方面是因为当时欧美国家对日本有偏见，认为日本是战败国，只会生产一些廉价的小商品，永远也赶不上美国。两方面原因交织，导致日本股价明显低于其应有的价值，存在大量低价股。

这种现状正是邓普顿所梦寐以求的投资机会。

20 世纪 60 年代初期，日本解除了对于外国投资者资金进出的限制，邓普顿增长基金马上开始投资日本股市。一开始，主要投资了日本资生堂公司。

进入 20 世纪 70 年代，邓普顿基金在日本的投资快速增长，到 1974 年时达到顶峰。当时，超过基金总值 62% 的资金都投资于日本股票与债券，这些投资带来了丰厚的收益。

与一般人想象的不同，邓普顿的投资组合中没有佳能、丰田与索尼等日本知名出口企业，其中单笔收益最大的是住友信托银行、轮胎公司普利司通和日产汽车的债券，医药公司也是其极为喜欢的品种。这种组合结构，可能与邓普顿一贯喜欢买入低价股的投资策略有关。

1972 年，对日本的重仓投资为邓普顿基金赚取了 68% 的年收益。即使在邓普顿基金自身发展史上，这样的投资回报也是罕见的。

这种在一国市场孤注一掷的玩法，从传统投资意义上讲，风险是非常大的。而促成邓普顿这样大胆下注日本股市的重要原因，除了日本股市市盈率畸低，根本没有反映出日本经济快速增长的基本面外，还由于美股在 1973 年以后确实跌得一塌糊涂，根本没办法重仓投资。

遗憾的是，与邓普顿的很多投资一样，他从日本股市撤退得过早。

到 20 世纪 70 年代末，基于传统分析的日本股市市盈率已是美国的 3 倍，这时，邓普顿基金的主要资金都已转入美国国内。但日本股市继续走高，直到 1990 年年初才真正见顶，随后迎来"失去的十年"。

除了起步早以及在日本的投资外，邓普顿投资全球股市还有一个特点，那就是不少投资都是在重大危机期间买入，在危机结束后卖出。

邓普顿曾列举了美国历史上多个重大危机时刻资本市场的表现，从珍珠港事件开始，一直到"9·11"事件，50年来众多的危机中，最长的是海湾战争，持续了50天，最短的仅仅发生了一天。邓普顿专门对比分析了10万美元在危机前投资5年的收益与危机中买入投资5年的收益。结果显示，在危机中购买，从不失手。所以，最后的结论是，长期投资者就应该在危机中买入，坚持持有5年，收益不会让人失望。

南美的阿根廷，是个很奇特的国家，这个国家的经济与汇率每过一段时间就会来一次崩溃，连带着股市也出现不止一次崩盘。

1985年，由于高通货膨胀和政治因素，阿根廷的股市崩盘，整个市场泥沙俱下，股票无论好坏都跌得一塌糊涂，绝大部分股票股价腰斩。邓普顿认为，这是一个买进股票的好机会，当然他的目标是那些他认为能够恢复到正常水平的股票。

之后，国际货币基金组织在4个月内通过了一项援助阿根廷的计划，阿根廷股市大幅反弹，邓普顿买入的股票上涨了70%。

1997年，亚洲发生金融危机，不少国家股票市场几乎崩溃。这时，包括索罗斯这些空头大鳄，注意力都放在东南亚和中国香港地区。但邓普顿此时却盯上了韩国，他认为，遭遇了金融危机之后的韩国，将成为下一个日本。

1997年年末，韩元崩溃了，韩国股市自然也"落花流水"。随后，在韩国承诺一系列金融开放条件后，国际货币基金组织向韩国提供了585亿美元的贷款。

从1998年开始，韩国开始勒紧裤腰带还债，经济陷入萎靡。正当投资者都觉得韩国完了，邓普顿却觉得市场信心恢复是早晚的事。当时，韩国股市的市盈率已经低到了10倍左右，他认为这是一个捡便宜股票的机会。

当时，邓普顿已经将基金公司出售，因此，他是以个人投资者的身份押注韩国股市。不过，他没有直接去买韩国的股票，而是买了一只共同基金，这家基金重仓投资新兴市场，1997 年的净值回报竟然下跌了65%。千挑万选，找到了这么一只烂基金，但邓普顿没有在意旁人的眼色，他还是那个老原则，要买就在这只基金表现最差的时候买。果然，这只基金之后两年的收益高达 267%，从一只最烂的基金，变成了表现出色的基金明星。

后来，邓普顿还重仓投资了韩国的起亚汽车。

那是 2004 年，他发现起亚汽车的市盈率是 4.8 倍，保持了 28% 的增速；美国通用的市盈率是 5.9 倍，营收却一直下滑。一个高增长的起亚竟然有比通用更低的市盈率，这当然是他理想中的投资标的。这一次他投资了 5000 万美元，仅仅 1 年时间，回报就高达 174%。

5．精准做空，数周赚 8000 万美元

"牛市在悲观中诞生，在怀疑中成长，在乐观中成熟，在兴奋中死亡。"

邓普顿的这段话，全球投资者几乎尽人皆知。对于 20 世纪末的科技股泡沫来说，这段话真是十分恰当。

这场科技股狂欢，带来了人类历史上罕见的互联网超级泡沫。

这波科技股投资狂潮，让很多投资大师找不着北，甚至遭受惨重损失。

最具代表性的是老虎基金的朱利安·罗伯逊，认为科技股泡沫巨大，开始做空，不过动手过早，在纳斯达克 1999 年的狂飙中，损失惨重，被迫解散旗下基金。

大佬折戟，没有吓退邓普顿这个老江湖。

2000年年初，纳斯达克整体市盈率已突破150倍，泡沫泛滥确凿无疑。更重要的是，通过翔实调研，邓普顿发现，已经上市的很多科技股都是"PPT公司"，全靠故事支撑，有的连产品都没有。不要说市盈率，连市销率都没法算，只有笑谈中的"市梦率"。

不过，鉴于部分投资家做空过早遭遇的灭顶之灾，邓普顿决定精选股票，设立严格止盈止损条件，选好建仓时机，进行精准做空，以确保投资安全。恰巧，这时候有朋友询问如何看待纳斯达克市场的科技股，邓普顿就给出了"逢高坚决做空"的建议。

2000年3月10日，纳斯达克指数创下历史新高，最高触及5132点。

当天的《华尔街日报》报道说："保守的投资者们跃跃欲试，科技股并非昙花一现。"看了这篇报道，邓普顿这样的老江湖知道，最后一批买家进场，舞会马上就要结束，是动手的时候了。但股市投资时的群众狂热情绪往往会让市场新高之后还有新高，谁也不知道终点在哪里。

邓普顿的高明之处在于，他不是泛泛做空，而是盯上了那些高管锁定期即将解禁的新股。

在美国，股票上市后有6个月的锁定期。邓普顿发现，那些高科技公司上市之后，公司的管理团队等6个月的锁定期满后，就迫不及待地卖出手中的股票。由于公司本身就一文不值，所以这些人的抛售也绝不在乎成本，只想狂割二级市场韭菜，套现走人。

针对这个特点，邓普顿的选股策略是寻找那些股价比发行价上涨了3倍以上的科技股，在原始股东锁定期到期之前的两周时间里，开始卖空。为此，他选中了84只高科技股票，每只股票做空220万美元，总计动用做空资金高达1.85亿美元。

毫无疑问，这又是逆向投资的一次经典战役。

除了上述的做空标的、建仓时间有明确要求外，邓普顿事先就为这次操作制定了严格的风险控制规则。

吸取老虎基金做空失败的教训，邓普顿首先考虑做空失误的补救办法。他预设了一个价格水平线，如果卖空后股票不但不下跌，反而价格飙涨，一旦超过这个水平线，就坚决止损，迅速买回股票来结束这笔交易。

如果卖空盈利，他也不会放任不管，而是设定了两个严格的止盈条件，只要满足其中一个，就会结束这笔交易。

第一个条件是，卖空之后，股票价格暴跌了 95%。这时候，这笔操作的盈利已经足够了，应该把股票买回来，结束这笔交易。

第二个条件是，以长达一年的每股收益为依据，如果卖空的这只股票的市盈率跌到 30 倍以下，也要结束卖空。这是因为，股票价值从当初的被严重高估，已回到正常估值状态，这意味着卖空的理由不成立了，所以也需要结束这笔交易。

2000 年 3 月 27 日，纳斯达克指数盘中再一次触摸 5000 点后，随即掉头向下。

当时，没有人知道，这是科技股泡沫正式破裂的开始。等到纳斯达克指数重回 5000 点，已经是 15 年之后了。

随后，纳斯达克走势近乎崩盘，一年内指数下跌 50%，连亚马逊这样的公司也损失了九成的市值。可见当时跌势之凶猛、多头损失之惨重。而邓普顿卖空的很多股票，价格下跌的幅度超过了 95%。

这些曾经被众人追捧的公司，在几个月的时间内就跌到一文不值。当然，也有少数几只被邓普顿做空的股票不跌反涨，直到这年的 11 月才开始下跌。由于事先设定了严格的止损条件，这些股票造成的损失都不大。

短短数周时间，这次做空为邓普顿带来 8000 万美元的丰厚利润。

回过头来看，这次操作可谓是一次教科书般的做空交易，复盘一下，可以发现邓普顿成功的秘诀：

（1）极度乐观点的把握：100 个人中间有 99 个人都乐观的时候；

（2）严格筛选标的：股价比发行价上涨 3 倍以上；

（3）等待外部事件触发：高管禁售期满；

（4）严格止损；

（5）严格止盈。

这次成功的操作之后，邓普顿就很少出手了。纵观邓普顿的投资生涯，虽然是中长期投资者，但他并不是一味做多，当市场明显超出正常的估值时，他是不惮于做空的。因此，所谓价值投资者，与做多做空并没有必然联系。

这次出手的前一年，1999 年，美国《金钱》杂志将邓普顿誉为"20世纪当之无愧的全球最伟大的选股人"。在长达 70 年的职业生涯中，邓普顿创立并领导了那个时代最成功的共同基金公司，成为与乔治·索罗斯、彼得·林奇齐名的著名投资家。

附录 1　约翰·邓普顿的做空策略

（1）极度乐观点的把握

邓普顿是以中长期价值投资闻名于世的，但这不妨碍他在机会合适时出手做空。就目前所看到的公开信息，做空纳斯达克科技股是他一生中不多的几次做空中影响较大的一次。这时候，他已步入晚年，进入事实上的退休时间。即使如此，行家一出手，就知有没有。这位顶级投资大师还是像以往做多一样成功完成这次做空。

"牛市在悲观中诞生，在怀疑中成长，在乐观中成熟，在兴奋中死亡。"这是邓普顿流传最广的名言。这次做空，他精确地选择了进场时间。

2000 年年初，纳斯达克整体市盈率已突破 150 倍，泡沫泛滥确凿无疑。他真正动手的 3 月 10 日，这是 100 个人中间有 99 个人都乐观的时候。当天的《华尔街日报》报道说："保守的投资者们跃跃欲试，科技股并非昙花一现。"看了这篇报道，邓普顿这样的老江湖知道，最后一批买家进场，舞会马上就要结束，是动手的时候了。

（2）严格筛选标的

2000 年的纳斯达克，泡沫泛滥。通过调研，邓普顿发现，已经上市的很多科技股都是"PPT 公司"，全靠故事支撑，有的连产品都没有。不要说市盈率，连市销率都没法算，只有笑谈中的"市梦率"。这时候，股价较发行价翻番的个股比比皆是。

不过，市场对科技股的追捧依然热度不减。之前，有不少做空机构就因为进场做空而亏损累累。因此，谨慎起见，邓普顿选择了那些股价比发行价上涨 3 倍以上的科技股作为做空标的。在判断多头的热情即将耗尽之际，他认为，这时候做空这些股价被严重高估的公司，应该问题不大。

（3）等待外部事件触发

有数据显示，这次做空前，邓普顿选中了 84 只高科技股票，每只股票做空 220 万美元，总计动用做空资金高达 1.85 亿美元。在标的选择上，邓普顿的要求非常苛刻。不仅是股价涨幅要在 3 倍以上，而且主要标的都是那些高管禁售期即将到期的次新股。

在美国，股票上市后有 6 个月的锁定期。邓普顿发现，6 个月的锁定期满后，纳斯达克这些上市公司的管理团队差不多都迫不及待地卖出手中的股票。由于公司本身就一文不值，所以这些人的抛售也绝不在乎成本，只想狂割二级市场韭菜，套现走人。

针对这个特点，邓普顿的选股策略是在原始股东锁定期到期之前的两周时间里，开始卖空。这正是邓普顿的高明之处。

（4）严格止损止盈

吸取老虎基金做空失败的教训，邓普顿首先考虑做空失误的补救办法。他预设了一个价格水平线，如果卖空后股票不但不下跌，反而价格飙涨，一旦超过预设水平线，就坚决止损，迅速买回股票来结束这笔交易。

如果卖空盈利，邓普顿也不会放任不管，而是设定了两个严格的止盈条件，只要满足其中一个，就会结束这笔交易。

第一个条件是，卖空之后，股票价格暴跌了 95%。这时候，这笔操作的盈利已经足够了，应该把股票买回来，结束这笔交易。

第二个条件是，以长达一年的每股收益为依据，如果卖空的这只股票的市盈率跌到 30 倍以下，也要结束卖空。这是因为，股票价值从当初的被严重高估，已回到正常估值状态，这意味着卖空的理由不成立了，所以也需要结束这笔交易。

附录 2　约翰·邓普顿的人生轨迹

1912 年，约翰·邓普顿出生于美国田纳西州，家境贫寒。

1934 年，约翰·邓普顿凭借优异的成绩，依靠奖学金完成在耶鲁大学的学业，取得耶鲁大学经济学一等学位。

1936 年，约翰·邓普顿在牛津大学继续深造，获得罗德奖学金，并取得法学硕士学位。重返美国后，他在纽约的芬纳 – 比恩工作，也就是如今美林证券公司的前身之一。

1937 年，大萧条最低迷的时候，约翰·邓普顿成立了自己的公司——邓普顿，多布罗和万斯。

1939 年，27 岁的邓普顿依靠 1 万美元的借款购买了 104 家公司的各 100 股股票，几年后，其中 100 家公司的成功为邓普顿掘得了第一桶金。邓普顿的公司取得了相当大的成功，资产规模也迅速增长到了过亿，旗下拥有 8 只共同基金。

1968 年，公司更名为邓普顿·达姆洛斯并被转售。同年，邓普顿在巴哈马的拿骚再次建立了自己的邓普顿成长基金。之后的 25 年中，邓普顿创立了邓普顿共同基金集团。

20 世纪 60 年代到 70 年代，邓普顿看准时机进入日本市场，抢在其他投资者之前抓住投资机会，以极低的价格买进股票，如日立、日产汽车、三菱电子等企业的股票。在他买进后，日本股市一路飙升。

20 世纪 80 年代中期，日本股市涨到 2 万多点，邓普顿觉得日本股市被高估了，果断卖出持有的日本公司的股票，获利颇丰。他成为日本熊市到来前最早撤离的投资者之一。当时，邓普顿预言日本股市将会缩水 50% 甚至更多。后来的事实证明了他的预言，东京证券交易所的指数下跌了 60%。

1985 年，由于高通货膨胀和政治因素，阿根廷的股票市场出现严重衰退，邓普顿开始买进阿根廷市场上的股票，随后国际货币基金组织的援助使其购买的股票上涨了 70%。

20 世纪 90 年代末期，亚洲金融危机的爆发使亚洲的股票市场几乎崩溃。邓普顿抓住机会开始投资韩国和亚洲其他地区的股市。到 1999 年股票市场恢复时，他获得了丰厚的利润。

1992 年，邓普顿将邓普顿基金卖给富兰克林集团。退休之后，他通过自己的约翰·邓普顿基金开始活跃于各类国际性的慈善活动。

1999 年，美国《金钱》杂志将邓普顿誉为"20 世纪当之无愧的全球最伟大的选股人"。在长达 70 年的职业生涯中，邓普顿创立并领导了那个时代最成功的共同基金公司，每年盈利高达 7000 万美元，其运作手法令华尔街眼花缭乱，成为与乔治·索罗斯、彼得·林奇齐名的著名投资家。

2000 年 3 月，在互联网泡沫即将破灭时，邓普顿开始做空，并在几周时间里大赚 8000 多万美元。

2008 年 7 月 8 日，邓普顿在他长期居住的巴哈马拿骚逝世，享年 96 岁。

第六章

詹姆斯·查诺斯:

做空安然!一次利润 5 亿美元的交易

2000 年 11 月下旬的一天，尼克斯联合基金公司的老板詹姆斯·查诺斯给公司交易员下达了一个指令：逐步建立做空美国安然公司的头寸。

接到指令的交易员几乎不敢相信自己的耳朵。

毕竟，安然公司可是美国当时首屈一指的能源巨头，而且股价走势非常强劲，刚刚突破 80 美元，摩根士丹利、花旗银行这样的金融巨头都看好它。在这位交易员看来，做空这样一家能源巨头，几乎是自寻死路。

看到这位交易员诧异的表情，詹姆斯·查诺斯给了他一个非常肯定的回答：没错！我们就是要做空安然。

得到老板不容置疑的答复后，这位交易员满腹狐疑地开始建立针对安然公司的空头头寸。这位交易员不知道，他当天的这番操作，悄然引燃了这家正当红的美国能源巨头财务造假的导火索。

一年后，因为尼克斯联合基金公司等做空机构的狙击，这家能源巨头的股价竟然从 80 美元以上跌到 1 美元以下，最终走上破产退市的绝路。

这家 20 世纪 90 年代赫赫有名的美国企业的消亡，成就了查诺斯，做空安然也成为他职业生涯中最伟大的一次交易。

1. 年少成名，5 年毁灭两巨头

在华尔街基金圈里，1958 年出生的詹姆斯·查诺斯算是年少成名。

这位来自美国密尔沃基市的希腊人后裔，是在远离华尔街势力范围的地方成长起来的，比巴菲特整整年轻 28 岁。

查诺斯是三兄弟中的老大，父亲是一家干洗连锁店的老板，母亲则是一家钢铁厂的办公室主任。应该说，这算得上是一个"中产之家"。

小学五年级时，父亲把查诺斯领进了股票市场。面对这个现实与虚拟交织的金钱世界，看着那么多人围绕一家公司股价涨跌下注，这个小学生被迷住了。父亲不知道，自己的一时兴起，竟然影响了长子的一生。

读书时，查诺斯算是学霸式人物。高中毕业后，他考上了著名的耶鲁大学医学预科。不清楚当初报考时他是怎么想的，反正入学不久，他就放弃了医学，选择了经济学。查诺斯身材瘦长，高度近视，平时总是戴着一副眼镜，看上去斯斯文文。不过，他可不是书呆子，相反，他在校园里很活跃。

1980年，查诺斯从耶鲁大学商学院毕业，在芝加哥一家名叫盖尔福德证券的经纪公司当了一名证券分析师。两年后，不甘寂寞的查诺斯就在美国金融圈扬名立万了。

1982年夏天，查诺斯盯上了市场上的一只热门股——博荣联合保险公司，当时它的股价一直在涨，可谓是华尔街的宠儿、机构竞逐的明星，持有者中不乏像美林这样的大公司。

跟踪一段时间后，查诺斯对这只明星股产生了怀疑。经过财务分析，查诺斯发现博荣联合公司债务杠杆过高，会计记账方式可疑，现金流为负，这些财务问题的存在可都是公司破产的前兆。

这时，一名保险分析师找到查诺斯，暗示博荣联合保险公司有大问题。于是，查诺斯写了一篇研究报告，建议卖空博荣联合的股票。这篇报告让华尔街震怒不已，很多持有博荣联合股票的机构都斥责查诺斯，有的甚至打电话给盖尔福德证券的老板，威胁要起诉查诺斯。

这些机构的震怒，与事实真相、分析对错无关，只因为他们手头有这只股票。这是典型的"屁股决定脑袋"。

关键时刻，《福布斯》杂志的撰稿人迪克·斯特恩风闻了发生在查诺斯和博荣联合之间的争吵，斯特恩觉得这里面有料可挖，于是开始调查这件事。

斯特恩首先飞到芝加哥，在那里，查诺斯向他解释了自己对这家保险公司财务分析的依据与质疑的理由。

随后，在位于好莱坞的马蒙特庄园酒店的一间套房内，斯特恩与博荣联合的 CEO 会面，向他提出了一些尖锐的问题，这些问题都是查诺斯建议询问的。"詹姆斯给了我们一些背景概要"，斯特恩回忆道。

从这时候起，站在一线的变成了这位知名记者，而查诺斯扮演了关键的背景资料提供者的角色。有时候，斯特恩会深夜向身在芝加哥的查诺斯打电话，一边回放他与博荣联合 CEO 的谈话录音，一边请查诺斯帮助剖析。

当年 12 月，《福布斯》刊登了斯特恩针对博荣联合保险公司的调查报道，结论倾向看空。这篇报道发表后，市场各方高度关注，更多媒体与机构开始调查这家保险公司。随着调查的深入，这家公司的问题越挖越多。

几个月后，博荣联合股价崩盘，不得不递交规模达 90 亿美元的破产申请，这可是当时最大的公司倒闭案。

博荣联合一案让查诺斯一举成名，他的事迹登上了《华尔街日报》头条。这一年，他才 25 岁，在金融圈，这算是真正的少年得志。一年后，查诺斯应聘进入德意志银行纽约分行，真正步入华尔街。

1984 年春，查诺斯盯上了德崇证券的迈克尔·米尔肯的垃圾债券帝国。

沃顿商学院毕业的米尔肯，以推销垃圾债起家。当有公司请求发债时，米尔肯不是去审核对方发债金额是否合适，反而常常主动加码。比如，对方要求发行 8000 万美元债券，米尔肯就会询问对方："8000 万够吗？给你 1 亿美元，我可不希望我的客户钱不够！"然后，他就会为其发行 1 亿美元的债券。

米尔肯不是傻瓜，他之所以愿意白白往外送钱，是因为这样做可以一举两得，既可以多赚佣金，又可以让客户拿多出的 2000 万美元去买他之前发行的债券。当发债客户陷入经营困难时，米尔肯会为其再发新债，哪怕客户的财务状况已恶化。如此循环往复，不断以旧还新，这个垃圾债券帝国实际上变成了一个庞氏骗局。不过，只要泡沫不破，普通投资人很难发现其中的猫腻。

查诺斯是最早揭露米尔肯垃圾债券帝国真面目的那批人之一。因为看空米尔肯的垃圾债券帝国，有一段时间，私家侦探都被派往米尔肯所住的街区，搜寻其屋外的垃圾箱。垃圾债券的泛滥，最终葬送了德崇证券及米尔肯本人，最后引发了 1987 年的金融危机。

2．严控配比，喜欢卖空 3 类公司

1985 年，27 岁的查诺斯辞职创业，他与一位名叫雷夫塔斯的朋友筹集了 1600 万美元，成立了尼克斯联合基金公司。

尼克斯，英文为 Kynikos，在希腊语里就是"愤世嫉俗者"的意思，从中可以一窥查诺斯的投资风格。这表明，从一开始，查诺斯就将做空作为基金的主要策略。

通俗点说，空头就是专门挑刺的，即使是众人眼里的一朵花，也要找出其美中不足之处。

平时，查诺斯总是要求手下深入挖掘每家公司财务报告中的各种细节，看看有没有猫腻。一旦有分析师发现了问题，查诺斯就会全面介入，彻底摸清底细，待确认对方真正存在财务造假，他就一边建立空头

头寸，一边开始制造看空舆论。等到市场认同之时，往往就是问题公司股价崩盘之日。

看上去，做空似乎很容易赚钱，这完全是误解。严格地说，做空赚钱要比做多更难。

查诺斯认为，要成为一个优秀的空头，必须要做到两点：一是不熟不做，二是善于调查。

调查分析能力，对于一个对冲基金经理来说必不可少。要想靠做空赚钱，当然要先人一步发现标的对象的问题，及时找到其违规经营和财务欺诈的漏洞。这时候，基金经理就像一个侦探，双眼像扫描仪一样，全面扫视这些公司的财务资料，反复分析证监会的报告，深入挖掘这些公开信息蕴含的不为人知的东西，甚至在某个不起眼的脚注里发现别人没有注意到的关键信息。

在不同场合，查诺斯都说过自己最喜欢做空的公司类型。

雪球网上一位名叫"宽客量化与对冲"的作者，曾归纳总结查诺斯喜欢做空的三类公司：

第一，看起来生机勃勃但即将危机重重的行业，也就是"过度繁荣然后走向衰败"。

据查诺斯解释，这种繁荣通常是受到某些资产现金流催生出的债务助燃。比如，网络没有债务，所以该行业内的企业原本不会出现价值激增。但当投资者想要将推算出的强劲增长强行注入此类企业未来应该出现的增长中时，行业泡沫就开始逐渐膨胀。

第二，新技术的牺牲者，技术老化的公司。

查诺斯举例，有人曾说网络是一种旨在传播任何事的最便捷的途径。但是直至现在，仍有很多人更愿意通过邮件租用 DVD。谈及这个问题，就不可避免地提起在线影片租赁提供商奈飞。据了解，该公司能够提供超大数量的 DVD，而且能够让顾客快速方便地挑选影片，同时免费递送。这样的业务看起来非常便宜，但是，所能产生的现金流减少速度，丝毫不比股价下跌速度慢。

第三，财务造假。

查诺斯表示，要特别小心连续收购者，这样的公司通常会在任何人都没有预见的时间段内减记合并企业的资产。当你问收购方他们所合并企业最后一个季度以及被合并时的净资产数额时，通常不会得到答案。

当然，对于任何一只对冲基金，都是有自己的投资组合，谁也不会拿所有资金去做空，那样风险太大。

按照《机构投资者》杂志的观点，作为空头，查诺斯和他的尼克斯基金之所以能成功穿越牛熊且长年屹立不倒，秘密在于他们的旗舰基金。与市面上大多数对冲基金不同的是，尼克斯旗舰基金的做多资金基本是在做被动投资，主要是通过交易所交易基金之类的指数化工具，他们的主要精力都放在了做空资金上。

了解尼克斯基金投资情况的人说，查诺斯可不是那种孤注一掷的赌徒，相反，对于做空的资金配置比例，他控制得非常严格。

据悉，那些涉嫌欺诈或者疑似欺诈的上市公司，在查诺斯的做空组合中的占比非常有限，只有 25% 左右。"你不可能满仓做空那些存在财务欺诈的公司。"查诺斯不止一次这样说。

因为做空，查诺斯得罪了不少人，因此，他很快就有了"公司殡葬员"的绰号。

绰号很少有叫错的。

事实上，尼克斯基金的业绩主要来自那些被做空的公司。公司越烂，股价越跌，对查诺斯越有利；当有公司死去时，他就能大发其财；如果发生了经济大萧条，企业集体关门，他就更加财源滚滚。

因此，有人说，观察查诺斯以往的交易记录，就仿佛是在观看经济崩溃与企业死亡的连续剧。其实，对于那些成功的对冲基金来说，其交易记录几乎都是这样。

这样专门找碴儿的活儿，真的不是一般人能干的。

一年后，公司合伙人雷夫塔斯无法承受做空压力而选择了退出。"可能是天生的，我无法依靠卖空生活，"雷夫塔斯说道，"但是查诺斯有能力承受这种痛苦。"

合伙人离开了，查诺斯却坚持下来了。

有人说，创业者要想成功，时机很重要，最好是能赶上风口，那样猪都能飞上天。

显然，查诺斯的运气不错。

查诺斯创业的 1985 年，美国股市正处于"里根经济学"带来的经济复苏与牛市中，这个时间节点对于空头来说，按道理不是什么好时机。但幸运的是，熬了两年后，就赶上了 1987 年的金融危机，那可是做空的好时光。

到了 1990 年，查诺斯管理的资金超过了 6 亿美元。

3．发现猫腻，做空安然

20 世纪 80 年代，算得上是查诺斯的幸运年代。

耶鲁毕业，华尔街扬名，独立创业，做空为王，又赶上 1987 年股灾……不过，也许是这一时期太顺利了，某种程度上透支了查诺斯在事业上的运气。进入 20 世纪 90 年代后，无论是名气还是业绩，查诺斯好像都没有什么起色。

细想起来，一点也不奇怪。

20 世纪 90 年代，特别是美国总统克林顿上任后，美国科技界欢欣鼓舞，纳斯达克更是迎来大牛市。在这样的大背景下，以做空为主要策略，一不小心就可能遭遇灭顶之灾。曾经赫赫有名的老虎基金，就在互联网浪潮中做空而损失巨大，最终被迫解散。

查诺斯的基金倒是没有关门，但损失也不小。

1991 年，查诺斯旗下基金损失了 30%，1992 年损失了 15%，1994年损失居然达到了 40%。到了 20 世纪 90 年代中期，尼克斯基金规模从6 亿美元下降到了不足 1.5 亿美元，查诺斯的职业生涯已命悬一线。

好在查诺斯足够坚强，就这样挺到了 1999 年年底。这时候，纳斯达克的整体市盈率已突破 100 倍，科技股的泡沫登峰造极，离破裂只有一步之遥。

2000 年 3 月，纳斯达克指数终于见顶，股指转头向下后开始高山蹦极。作为空头的查诺斯，终于迎来了喘息之机。

这年秋天，一位朋友提醒查诺斯，建议他关注一下能源巨头安然公司。之前查诺斯也关注了安然，只不过他注意的是其股价的异动。在市场跌声一片时，这只能源股竟然能持续逆势上行。

这位朋友还给查诺斯推荐了一篇关于安然公司财务问题的文章。

这篇文章讲述了安然公司是如何说服了证监会，同意他们用模型定价和市值定价模式来为他们的能源衍生产品进行会计处理。在账目中对衍生产品进行记录时，如果使用的是未来预期利润的现值入账的话，那么你可以随时在账目上确认未发生的收益。由于能源类产品订单变化很大，因此，以没有明确规定的方法对其进行估价，就给财务造假提供了很大空间。

这篇财务分析让查诺斯很震惊，他意识到这或许是一次巨大的机会。

"我们立刻就对这个问题产生了兴趣，因为我们见过太多这样失去企业道德的公司。它们会利用那些能够带来即时利益的业务来获取财富，而不会管这项交易是否合法，因为高额的收益让它们难以放弃。于是，我们开始分析调查安然公司。"

接下来，查诺斯详细研究了安然公司的各种披露文件和财务报告，他发现，虽然安然的业务看起来很辉煌，但实际上并没有赚到什么钱，也没人能够说清安然是怎么赚钱的。他还注意到很多异常的会计信息披露，都来自一些和安然有业务往来的离岸公司。

最可疑的是，这些离岸公司很可能都是安然内部高层的"皮包公司"，比如那家与安然来往颇多的 LJM 合伙公司。

1999 年年报中，在有关关联交易的披露中，安然只轻描淡写地用了一小段话来描述其与 LJM 合伙公司之间的交易：

在 1999 年 6 月，安然进行了一系列涉及第三方和 LJM 合伙公司的交易。LJM 合伙公司是一家主要从事与能源相关的投资的私人投资实体。安然的"一名高级经理人员"担任了 LJM 合伙公司的一般合伙人的管理职务。这些交易使得：（1）安然与参与交易的第三方对某些用于购买安然普通股的远期合同进行了修改，从而使得安然能够以市场价在特定时日购买安然普通股；（2）一定的限制条件下，LJM 合伙公司获得了 680 万股安然普通股；（3）安然获得一笔应收商业票据和某些融资工具以对安然的一项投资进行套期。安然已将获得资产和发行的股权以估算的公平价格入账。LJM 合伙公司同意那名安然的高级经理人员不得从与这些交易相关的安然普通股中获得钱财利益，而且不得参与涉及这些普通股的事务的投票。LJM 合伙公司在 1999 年 12 月偿还了该笔应收商业票据。

这段话绕来绕去，云山雾罩，似乎压根儿就不想让外人明白那名高级经理人员究竟是谁，这些交易究竟做了什么，是否给安然公司带来了损失，有关高管有没有从中渔利。

查诺斯坦承，他当时把这段话读了好几遍，还是没弄明白这段话的意思，他甚至怀疑："他们这是在说英语吗？"

不过，查诺斯敏锐地感觉到这段话存在问题，尤其是"安然的'一名高级经理人员'担任了LJM合伙公司的一般合伙人的管理职务"这句话尤其可疑。他用笔在年报里这句话下面画了一道着重线，并且在边上打了一个问号。

安然公司股价崩盘后，查诺斯在安然1999年财报上画的这条着重线和这个问号，被制成照片登上了《华尔街日报》。

后来，在2000年的年报里，安然索性连LJM合伙公司的名字都不提了，只是笼统地称"安然在1999年和2000年与一些有限合伙公司进行了一系列关联交易"。这越发显示，这家LJM有问题。此外，查诺斯还注意到，安然公司的管理层在2000年下半年股价不断攀升时一直出售股票，这是问题公司高管们的常规动作，他们最清楚公司内幕。因此，这些人一边高喊安然股价能冲上100美元，一边抓紧套现，稍有常识的人都知道这里面有鬼。

就这样，查诺斯逐渐发现了安然公司的种种猫腻。在确定了安然公司存在重大财务欺诈问题后，2000年11月，查诺斯开始建立空头头寸，有计划地做空安然。

从后来的做空头寸看，查诺斯一开始就对这次做空下了重注，意图借此大翻身。

4．联手媒体，揭露安然财务黑幕

进入2000年，华尔街上已有不少人知道查诺斯开始做空安然。

当时，有不少机构持有安然的股票。对查诺斯的行为，他们当然很不高兴。与18年前看空博荣联合保险公司一样，没几个人赞同查诺斯的观点。

查诺斯深知，与安然这样一个巨头作对，仅靠他一个人的力量远远不够。这时，他开始想办法联系媒体。18 年前，做空博荣联合保险公司的时候，他就这样干过。

与一般对冲基金经理的神秘低调不同，查诺斯是一名"媒体工作者"，长久以来他一直善于与媒体打交道，喜欢将媒体变成非常有威力的武器。多年来，查诺斯建立了一个非常有价值的媒体关系网，结识了很多记者，这些记者也很看重他的意见，喜欢报道他的观点。

有时候，为了让外界更好地了解自己的想法，查诺斯经常将研究报告寄给他所信任的记者，或者用电邮的方式，给记者们讲一些他发现的有趣故事。"他是一个愿意与记者交谈，记者也会被他吸引，希望从他那里得到一些情报的人。"谈起查诺斯，纽约《时代周刊》的商业专栏作者乔·诺科略这样说。

这一次，与查诺斯密切合作的是《财富》女记者贝瑟妮·麦克科雷恩。

之前，安然公司曾连续 6 年被《财富》杂志评选为"最富创新能力"的公司，因此，有人质疑这家知名媒体愿不愿意调查这家能源巨头。与贝瑟妮·麦克科雷恩接触后，查诺斯很快相信了这位非常敬业的女记者。

2001 年 3 月 5 日，《财富》杂志发表了调查报道：《安然股价是否高估？》。这篇报道一下子将安然推上万众瞩目的曝光台。2002 年 1 月，中国的《财经》杂志也发表了由陈志武等人写的封面文章《谁揭穿安然？》，比较清晰地转述了《财富》那篇报道的核心内容。

《财富》的这篇报道，首次指出安然的财务有"黑箱"。该文指出，安然 2000 年度股价上升了 89%，收入翻倍，利润增长 25%，18 位跟踪安然公司的卖方分析师中有 13 位将其推荐为"强力买进"，它的市盈率为竞争对手杜克能源公司的 2.5 倍，也是标准普尔 500 指数市盈率的 2.5 倍。

《财富》质疑道："为安然欢呼的人也不得不承认：没有人能搞得清安然的钱到底是怎么挣的！原因是安然历来以'防范竞争对手'为由拒绝提供任何收入或利润细节，把这些细节以商业秘密的名义保护起来。而其提供的财务数据又通常过于烦琐和混乱不清，连标准普尔公司负责财务分析的专业人员都无法弄清数据的来源。不管是极力推荐安然的卖方分析师，还是想证明安然不值得投资的买方分析师，都无法打开安然这只黑箱。"

针对《财富》的质疑，安然财务总监法斯托反击道："安然共有有关不同商品的 1212 本交易账本，我们不希望任何人知道这些账本上的任何东西，也不希望任何人知道我们在每个地方赚多少钱。"

《财富》文章进而质疑：在安然的年报中，"资产与投资"项目的利润数总是一个谜。年报对该部门的注释是"在世界各地兴建发电厂项目，完工后投入运营，最终卖出获利；此部门也参加能源与通信企业的股权和债券买卖等业务"。该部门 1999 年第二季度的利润为 3.25 亿美元，2000 年第二季度跌至 5500 万美元。如此大的变化从何而来？《财富》相信，安然在通过"资产与投资"项目的资产出售金额来操纵其利润。这样，当任何季度的利润达不到华尔街分析师的预期时，安然总可以通过增加项目资产的出售来达到或超过预期利润额。

尽管几年来安然声称要减少负债，但在 2000 年的前三个季度，安然又新发行了 39 亿美元债券，使债务总额在 2000 年 9 月底达到 130 亿美元，其负债率（债务对总资产比）升至近 50%，而在 1999 年底时负债率为 39%。

另外，它的营运现金流在 1998 年为 16 亿美元，1999 年为 12 亿美元，而 2000 年的前 9 个月仅为 1 亿美元。尽管安然的营运现金流在逐步下跌，但它所公告的净利润却在年年上升，这本身就说明，安然的利润不是来自主营业务，而要么来自非经常性收入，要么来自造假。

2001 年 4 月，在一次大型电话会议上，一名分析师抱怨安然的财务报表既晦涩难懂又条理不清，要求安然进一步说明其盈利的来源，结果当时的安然 CEO 斯格林先生却支支吾吾，不愿意正面回答。

这个消息一披露，查诺斯就继续加大卖空安然股票的头寸，他认定这一次安然必败。

5 月 6 日，查诺斯迎来了另一个做空安然的盟友，那是波士顿一家名叫 "Off Wall Street"（以下简称 "OWS"）的证券分析公司，OWS 的客户均为各类机构投资者与基金公司。

这天，OWS 发表了一份安然分析报告，强烈建议投资者卖掉安然股票，或者做空，主要依据是安然越来越低的营运利润率。安然的营运利润率从 1996 年的 21.15％跌至 2000 年的 6.22％。

据《财经》那篇封面文章，OWS 公司对安然的关联交易与会计手法也持消极看法。比如，他们发现，2000 年第二季度，安然以高价把一批光纤电缆出售给一家关联企业，这笔交易收入使安然每股净利润比华尔街分析师的预期超出 2 美分。如果没有这笔关联交易，实际的每股净利润却要比预期的低 2 美分。因此，OWS 建议投资者不要轻信安然公布的财务利润。

一时间，安然公司从明星股变成了问题公司。

不过，在查诺斯、OWS 强烈看空的同时，高盛、美林的卖方分析师仍强力推荐安然股票。

7 月 12 日，安然公布了第二季度的财务状况，每股净利润为 45 美分（比华尔街分析师的预期高出 3 美分），营业收入比上一季度稍低。

在当日的电话会议上，安然的投资者关系部门主管称，其"资产与投资"项目的 1/3 利润来自经常性营运收入，而剩下的 2/3 来自安然不动产投资项目的价值重估。

这让众多分析师觉得不可思议：在 2001 年第一季度结束时，安然称这些不动产价值大跌，时隔仅三个月，安然又说这些不动产价值大升，如此大的变化从何而来？

对此，安然 CEO 斯格林和其他高管依然语焉不详。

"与 LJM 资本管理公司的几笔交易，对安然第二季度利润的贡献有多大？"一位分析师问。

"哦，我们和 LJM 只有几笔微不足道的交易。"斯格林搪塞道。

这个回答真是"此地无银三百两"。

会后，越来越多的媒体和买方分析师开始追踪报道分析安然的财务内幕。与之相随的，是安然股价的下跌。

事实上，这时候安然的股价接近腰斩，已从年初的每股 80 美元跌到 40 美元附近。这当然正中查诺斯的下怀。

5．承认造假，能源巨头轰然倒地

在揭露安然财务欺诈这件事上，查诺斯当然是"始作俑者"。

不过，当他第一个站出来发声，协助《财富》杂志推出相关的调查报道，点燃众人质疑安然财务黑箱的导火索后，事态就不在他个人的控制之中了。

当越来越多的媒体开始追踪报道，越来越多的买方分析师发表看空报告，越来越多的投资者参与做空，心怀鬼胎的安然就只能不可阻挡地走向崩盘了。这种态势当然是查诺斯希望看到的，他所要做的就是一边观察事态发展，一边盯着安然股价走势，以决定自己的做空仓位是否进一步加大。

与此同时，查诺斯还在密切关注安然高管们的持股动态。

他发现，从 2000 年 12 月至 2001 年 7 月间，安然内部人没有任何买进记录。相反，抛售却是一直不断，2001 年的 2 月、5 月、7 月，甚至出现三波抛售高潮，其中，安然董事长肯尼思·雷在此期间持续卖出，CEO 斯格林在 6 月至 7 月间出售最多。

内部人如此疯狂抛售，坐实了安然真的存在重大问题。这再一次增加了查诺斯的做空信心，进一步加大了其做空安然的仓位。

8 月 9 日，安然股价已经从年初的 80 美元左右跌到了 42 美元。

8 月中旬，外界质疑安然财务欺诈的声浪越发高涨，眼看事态严重到不可挽回，安然 CEO 斯格林突然辞职，此时，距离他接替肯尼思·雷担任 CEO 仅仅 8 个月。斯格林的临阵脱逃，更加剧了媒体、分析师与其他多方的质疑。但安然这时还在硬扛，断然否认斯格林的辞职说明任何问题。万般无奈之下，安然董事长肯尼思·雷被迫重新出山，接任 CEO。

"安然没有任何会计问题，没有任何能源交易问题，也没有任何资金短缺问题。"面对内部员工的疑问，这位老板依然嘴硬。

重新出马后，肯尼思·雷承诺安然将改进财务报表的透明度，增加信息披露。这时，华尔街那些卖方分析师依然相信这家伙的鬼话，继续推荐安然股票。不过，几乎所有的买方分析师都不再相信安然管理团队，因此，做空力量进一步加大。

8 月 30 日，著名投资网站 TheStreet.com 也盯上了安然。这家网站发布的一篇文章认为，安然二季度利润大部分来自两笔关联交易。这两笔"对倒"交易，让安然第二季度每股利润可从 30 美分左右升高到 45 美分。他们相信，安然在通过关联企业间的高价交易人为制造利润。

这家网站的公开质疑，等于直接撕下了安然一直硬撑着门面的遮羞布。到这时，几乎没什么人相信安然是无辜的了，其股价更是每况愈下。

10 月 16 日，安然发布第三季度财报，称营运利润每股 43 美分，扣除 10 亿美元坏账对冲后每股亏损 84 美分。当天，安然举行关于第三季财报的电话会议，那两笔坏账成为焦点。

令投资者震惊的是，这些坏账中有 3500 万美元正是由安然与那两家"LJM 合伙公司"之间的套期交易造成的，而很多人认为，这两家公司的老板就是安然公司的首席财务官法斯特。很明显，这项关联交易有损公肥私之嫌。

10 月 17 日，美国证监会发函质询安然可能存在的关联交易问题。

10 月 18 日，《华尔街日报》获得了一份 LJM 合伙公司内部财务文件，证实安然首席财务官法斯特就是 LJM、LJM2 及其他一些同类实体的主要股东或总经理。他仅从 LJM 和 LJM2 就获得了 300 多万美元的报酬，远超他在安然几十万美元的年薪。

10 月 22 日，安然召开特别电话会议。

会上，一位对冲基金经理问："马林二号信托基金有 10 亿美元债务，却以安然的部分水厂资产外加安然股票进行担保，而这些资产顶多值 1 亿美元，是否意味着安然必须为此补进 9 亿美元？"

闻听此言，安然董事长兼 CEO 肯尼思·雷竟然破口大骂，并要电话会操作员把这位分析师赶走。

安然老板恼羞成怒的表现，让投资人信心顿失，电话会议后，安然股价下跌 21%，至 20.65 美元，当日市值缩水 40 亿美元。

当晚，安然财务总监法斯特被迫离职。

在媒体和市场各方压力下，安然不得不决定对过去数年的财务进行重审，把其中的一些关联企业一起并入安然的财务表。

10 月 29 日，债券和股票评级机构穆迪公司宣布将安然长期债信等级从"Baa1"降至"Baa2"，并且表示不排除进一步降级的可能。同时，有消息称美国证监会已经将对安然的调查从得克萨斯州移交到华盛顿总部进行。

在双重利空打击下，安然股票当天下跌超过 10%，跌破了每股 14 美元。

11 月 8 日，安然终于承认财务造假：在 1997 年到 2000 年间，公司由关联交易共虚报了 5.52 亿美元的盈利。

至此，美国金融史上最大的业绩造假"地雷"被引爆。当日安然股价收盘于每股 8.41 美元，只有一年前高点时的 1/10。

墙倒众人推。

当时，做空安然股票的远不止查诺斯一人，许多其他基金也参与其中。

据统计，2000 年年底之前，随着安然股价持续上涨，卖空安然股票的投资者开始增多。到 2001 年 2 月，卖空头寸达到 1400 多万股，之后持续攀升，10 月达到近 2000 万股，11 月突破 3000 万股，12 月则达到天文数字般的近 9000 万股。

安然跌倒，空头吃饱。

所有这些做空者中，最大的赢家还是查诺斯，他从 2000 年 11 月就在 80 美元的高位开始建立空头仓位，之后安然股价一路下跌，他不断加仓，最后获利超过 5 亿美元。

这次交易，堪称查诺斯投资生涯中的经典之作，就是在整个金融史上也具有代表性。

6. 发现欺诈，做空者扮演了重要角色

做空安然，成为查诺斯投资生涯中的一座高峰。

从那之后，查诺斯名声大涨，所管理的资金规模也不断扩大。不过，他以后所公开宣称的重大做空操作，业绩似乎都不怎么好，甚至遭受惨重损失。其中，做空中概股电商阿里巴巴与美国新能源汽车公司特

斯拉，几乎是完败。聊以自慰的是 2020 年年初成功做空中概股瑞幸咖啡，具体投入多少不得而知。

这么多年来，查诺斯虽然名气很大，但他始终觉得自己在华尔街并不受尊重。

"我一直能理解对待卖空行为的那种幸灾乐祸的神情。我也知道没有人喜欢卖空，"查诺斯说，"我也总是对内心深处的自我劝说，卖空行为其实是对动态金融系统实施的监控。它是市场中少数监察和平衡的力量之一。"

值得一提的是，成功做空安然后，查诺斯成为母校耶鲁大学的金融教授，主要讲授金融欺诈史。到母校执教，或许可以抚慰一下这个心气很高的空头投资家的心灵。

2013 年 4 月，在位于纽约的办公室内，查诺斯接受了美国著名杂志《沙龙》的记者林恩·斯图尔特·帕拉莫勒的采访，畅谈了自己对金融欺诈以及相关做空行为的看法。

帕拉莫勒： 你是一位成功的做空者。在做空的过程中，欺诈如何成为一种关键因素？

查诺斯： 我们喜欢说的一件事是，事实上，过去 20 年里，在所有的大型金融市场欺诈案例中，真正让欺诈行为曝光的人通常是内部告密者、媒体或者是做空者，而不是市场行为的"监护人"——监管者、法律执行者、外部审计员或其他从事相关工作的人。让金融欺诈行为曝光的人之所以会这样做，通常都有个人原因或受利益驱使。在市场活动中，做空者扮演着非常重要的角色，不仅仅体现在寻找不合理的价格哄抬上，而且还体现在查获不正当行为上。

帕拉莫勒： 做空安然，让你声名鹊起。像安然这样的企业如何能在业界存活了那么多年？欺诈又是如何持久存在的？

查诺斯：在安然的欺诈案中，我认为很多人变得富有，并且唆使其他人参与，从而最终演变成一种欺诈。事实上，在欺诈上升到可以让人坐牢的程度时，参与者或许并不知道它是种可以让人坐牢的欺诈。不过，据我们所知，绝大多数的欺诈并没有以犯罪者锒铛入狱结束。举例来说，如果你知道银行和经纪商从骗局中获得多少好处时，你就会发现之所以有人会误入歧途，其实是有足够的物质激励在刺激他。我认为，在当前的市场结构中存在着巨大的瑕疵。

帕拉莫勒：关于欺诈的时间表，我们能知道些什么？它们最有可能发生在什么时候？

查诺斯：我们的模型之一是古典金德尔伯格－明斯基模型。该模型以著名经济危机历史学家查尔斯·金德尔伯格和经济周期学者海曼·明斯基命名，是一种宏观模型，源自各种各样的市场循环。我们的发现是，金融市场出现的最大的欺诈潮，通常存在于最大的牛市期间和牛市过后不久。正如我经常告诉学生的那样，这是一个人们暂停怀疑的时间段。每个人都在变得富有，因此向投资者出售更多存在疑问的计划或投资就会变得相对容易一些。通常，市场下滑后，大型欺诈案会被戳穿或曝光。举例来说，安然或庞氏骗局中，当投资者们因损失而需要资金，或人们开始恢复怀疑态度时，他们开始问一些在牛市期间根本就不会问的尖锐问题。

帕拉莫勒：在曝光欺诈行为的过程中，记者扮演了非常关键的角色。但是，他们通常和企业串通一气。在掩盖欺诈行为的问题上，媒体也参与其中吗？

查诺斯：这很好笑，因为我记得，2001 年年初接受《财富》杂志记者贝瑟妮·麦克科雷恩关于安然的采访时，我曾蔑视有关该杂志可能与安然有某种不可告人的关系的观点。持有该观点的理由是，《财富》曾把安然列为最佳企业榜单之中。显然，这种理由有些牵强。对于记者来说，应该做的就是将当前的事实展现给读者或听众，以及说服主编采纳自己的稿件。对于记者来说，将事实告知公众，是件非常重要的事情。贝瑟妮是位优秀的记者。当然，除了她，金融行业还有很多优秀的记者，而市场需要这样的记者。但是，记者也是人，而媒体充斥着形形色色的人。当牛市出现时，没有人想要成为"穿着新装的皇帝"。

帕拉莫勒：在防止和发现欺诈过程中，美国证券交易委员会扮演了怎样的角色？

查诺斯：举个例子，美国证券交易委员会一直认为，做空者扮演了非常重要的角色，原因不仅仅在于价格发现，而且还在于欺诈发现方面。通常，面对欺诈行为，做空者会直言不讳地指出。但是，美国证券交易委员会的火力更猛。市场增长的幅度，远超过美国证券交易委员会维护市场秩序的预算能力。你需要牢记的一点是，他们没有起诉犯罪的权利，只有司法部才能将欺诈定义为犯罪。一般来说，我认为，当美国证券交易委员会参与调查时，通常会做得很出色。但是，关键的问题在于，该委员会总是居于幕后，这主要归因于预算或其他问题，而不是该委员会不愿承担。重申一遍，美国证券交易委员会将会尽一切努力把事情做好，但是，该委员会没有资源。

附录 1　詹姆斯·查诺斯的做空策略

（1）聚焦问题公司

与索罗斯这种做空一个国家或地区市场的战略级选手相比，詹姆斯·查诺斯更像是空头阵营的一个优秀战术家。事实上，从业以来，他的主要成就确实体现在做空有问题的上市公司上，挫折也是因为选错了做空对象，比如让他栽跟头的上市公司特斯拉或阿里巴巴。

查诺斯解释了他如何做空一个公司："我们不依靠估值来做空，尽管在某些时刻一些公司由于增长受限而可能成为做空的好对象。我们将注意力集中于出了问题的公司。在更妙的情况下，我们寻找通过会计手段、收购政策或其他方法掩饰问题的公司。这些才是帮我们赚大钱的好主意。"

做空安然能源公司，揭露博荣联合保险公司黑幕，都属于这类操作。在华尔街，查诺斯有个"公司殡葬员"的绰号。事实上，他旗下的尼克斯基金的业绩主要来自那些被做空的公司。公司越烂，股价越跌，对查诺斯越有利；当有公司死去时，他就能大发其财。

（2）从公开信息发现问题

上市公司的财报特别是每年的年报，需要会计师事务所严格审计并出具具有法律意见的报告，上市公司即使非常不情愿，也必须要将涉及公司经营的重要事项在年报中披露。因此，每个年报季，都是各路投资者特别是做空机构高度关注的时刻。

查诺斯正是从上市公司年报里发现问题的高手。查诺斯表示，要特别小心连续收购者，这样的公司通常会在任何人都没有预见的时间段内减记合并企业的资产。当你问收购方他们所合并企业最后一个季度及被合并时的净资产数额时，通常不会得到答案。

当初，得到朋友的提示后，查诺斯详细研究了安然公司的各种披露文件和财务报告，他发现，虽然安然的业务看起来很辉煌，但实际上并没有赚到什么钱，也没人能够说清安然是怎么赚钱的。他还注意到很多异常的会计信息披露，都来自一些和安然有业务往来的离岸公司。最可疑的是，这些离岸公司很可能都是安然内部高层的"皮包公司"，比如那家与安然来往颇多的LJM合伙公司。正是这些蹊跷引起了他对安然公司的高度质疑，并下决心做空。

（3）严格控制做空资金比

任何一只对冲基金，都是有自己的投资组合的，谁也不会拿所有资金去做空，那样风险太大。按照《机构投资者》杂志的观点，作为空头，查诺斯和他的尼克斯基金之所以能成功穿越牛熊且长年屹立不倒，秘密在于他们的旗舰基金。

与市面上大多数对冲基金不同的是，尼克斯旗舰基金的做多资金基本是在做被动投资，主要是通过交易所交易基金之类的指数化工具，他们的主要精力都放在了做空资金上。

了解尼克斯基金投资情况的人说，查诺斯可不是那种孤注一掷的赌徒，相反，对于做空的资金配置比例，他控制得非常严格。据悉，那些涉嫌欺诈或者疑似欺诈的上市公司，在查诺斯的做空组合中的占比非常有限，只有25%左右。"你不可能满仓做空那些存在财务欺诈的公司。"查诺斯不止一次这样说。

（4）联合媒体构建揭黑同盟

与一般对冲基金经理的神秘低调不同，查诺斯是一名"媒体工作者"，长久以来他一直善于与媒体打交道，喜欢将媒体变成非常有威力的武器。多年来，查诺斯建立了一个非常有价值的媒体关系网，结交了很多记者，这些记者也很看重他的意见，喜欢报道他的观点。

有时候，为了让外界更好地了解自己的想法，查诺斯经常将研究报告寄给他所信任的记者，或者用电邮的方式，给记者们讲一些他发现的有趣故事。"他是一个愿意与记者交谈，记者也会被他吸引，希望从他那里得到一些情报的人。"谈起查诺斯，纽约《时代周刊》的商业专栏作者乔·诺科略这样说。

2000 年，华尔街上已有不少人知道查诺斯开始做空安然。当时，有不少机构持有安然的股票。对查诺斯的行为，他们当然很不高兴。查诺斯深知，与安然这样一个巨头作对，仅靠他一个人的力量远远不够。这时，他开始想办法联系媒体。

18 年前，做空博荣联合保险公司的时候，他就这样干过。那一次是与《福布斯》杂志的撰稿人迪克·斯特恩联手，这一次，与查诺斯密切合作的是《财富》女记者贝瑟妮·麦克科雷恩。

附录 2　詹姆斯·查诺斯的人生轨迹

1958 年，詹姆斯·查诺斯出生于美国密尔沃基市。父亲是一家干洗连锁店的老板，母亲是一家钢铁厂的办公室主任。

小学五年级的时候，詹姆斯·查诺斯被父亲带进了股票市场，并被深深吸引。在耶鲁大学求学期间，他很快放弃了医学专业，挑选经济学课程。毕业后他先后在盖尔福德证券经纪公司和德意志银行担任分析师。

1982 年，年仅 24 岁的查诺斯还是一个毫无名气的年轻股票分析师，揭露热门股博荣联合保险公司财务问题，建议投资者卖空。13 个月后，博荣联合崩盘，不得不递交规模达 90 亿美元的破产申请。博荣联合一案让查诺斯登上《华尔街日报》头条。

1985 年，他与雷夫塔斯一起筹集了 1600 万美元成立了基金公司。一年后，雷夫塔斯无法承受以做空为主要业务带来的压力，选择了退出。

1990 年，查诺斯管理的资金超过了 6 亿美元。但是他在科技泡沫推动牛市达到纪录顶峰时几乎遭遇了灭顶之灾。

1991年，查诺斯的资金损失了30%。

1992年，查诺斯的资金损失了15%。

1994年，查诺斯的基金损失居然达到了40%。此时，查诺斯职业生涯已命悬一线，他的基金规模从6亿美元下降到了不足1.5亿美元。

2000年，经朋友提醒，查诺斯发现安然财务问题，于是在其股价最高达到80美元的时候，开始卖空安然，直到安然东窗事发，股价一泻千里，跌至不足1美元。他从安然的轰然倒闭中获得了巨大收益，更因此闻名世界。

2008年，查诺斯的基金公司大放异彩。这一年，很多对冲基金因金融海啸损失惨重，而查诺斯旗下名为"Ursus"的长期美国做空基金斩获了44%的净回报率，其管理的资本达到70亿美元。也在这一年，一份纽约杂志把查诺斯称为"巨灾资本家"。

2015年秋天，查诺斯宣布做空特斯拉，理由包括现金流问题、政府新能源车信贷补贴接近上限、专利保护的问题、量产的执行风险等。

2018年9月底之前，查诺斯的基金公司已经清空了特斯拉的仓位，查诺斯似乎也放弃了做空特斯拉。同一时期，他还做空阿里巴巴，结果也是折戟而归。

2020年春，参与做空瑞幸咖啡。

第七章

约翰·阿诺德:
做空天然气! 天才交易员大赚 10 亿美元

2006 年 9 月的一个周六，著名的天然气基金不凋花的交易员布莱恩·亨特工作到很晚。这位天然气领域的知名交易员，正在为不凋花过高的多头头寸发愁。

那一年，当时资产 90 亿美元的不凋花基金认定天然气价格将在冬天上涨，于是在亨特的主导下，不凋花重仓投注天然气多头仓位。

随着冬日临近，气象学家预见这将是一个暖冬，天然气价格将随之走低，亨特开始亏钱，一度需要补交 30 亿美元的保证金。

在这个灾难性的周末，亨特给与自己对赌的另一方——射手座能源对冲基金的管理人约翰·阿诺德写了一封电子邮件，试图说服对方在下周一开始前购买不凋花的头寸。

第二天早上，阿诺德冷酷地回信拒绝了对手的这个请求，他认为当时天然气的价格和基本面还相差很大一段距离。

阿诺德的拒绝，让亨特手里不凋花基金的多头头寸陷入绝境。

事实证明，阿诺德是对的，而且他精准地把握了交易时机，射手座能源因此在这年秋天获利高达 10 亿美元，回报率高达 317%，而不凋花基金公司却因此面临破产清算。

1. 22 岁成天然气交易明星

约翰·阿诺德是美国得克萨斯州本地人，1974 年出生，是家中最小的孩子。

阿诺德的父亲是一名律师，母亲是一名会计。这是一个典型的中产阶级家庭。他在故乡度过了童年和青少年时代，遗憾的是，父亲在他 17

岁时去世。对于这个中产家庭和即将上大学的阿诺德来说，这是一个不小的打击。

认识阿诺德的人，几乎没有不夸其聪明的，因为，从小学开始，他就是一个学霸。不过，他可不是书呆子。从 14 岁起，他便开始做生意。

当时，美国青少年兴起收集运动明星卡片的热潮，许多人想要集齐某个队的全部卡片，往往会不惜重金购买。看到有机可乘，阿诺德就开了一家公司，倒腾运动员卡片，这让他赚了不少钱。

高中毕业后，阿诺德考上田纳西州的范德比特大学。

这所大学的最大特色是课程设置，无论是哪个院系的学生，均须修读人文学科、基本科学、历史及外文。校方希望学生在大学期间能够接触多方面知识，开阔视野，培养独立思考能力。

在大学期间，阿诺德显示出了在数字和复杂计算方面的过人天赋，这给他的老师与同学们留下了深刻印象。三年里，他拿到了数学和经济学两个学位。

一位教授回忆说，他清晰地记得阿诺德不仅能很快理解经济学概念，还能在脑子里进行复杂的数学计算。"对他能够赚取亿万美元，我们一点也不感到意外。"

1995 年，大学毕业后，成绩优异的阿诺德顺利进入了当时美国最大的能源公司安然。一开始，公司让他担任原油交易员，后又调至天然气交易部门。

在天然气交易员岗位上，自幼在得克萨斯州这个石油产地长大的阿诺德，以其超人的数字计算能力，很快成为明星交易员。第二年，他就坐上了安然公司得克萨斯州天然气交易部门的第一把交椅。

阿诺德对天然气交易了如指掌，在这个领域做得风生水起，为公司赚得盆满钵满。

一位熟悉阿诺德那段经历的人认为，阿诺德能成为这个领域的顶尖高手，主要得益于两点：

一是安然公司的高端互联网交易网络，这是当时全球最先进的能源交易网络。若换一家公司，没有这张全球最先进的网络，阿诺德很难在短期内脱颖而出。二是阿诺德本人在天然气交易领域的独特嗅觉，在这方面，他是不世出的罕见天才。

当时，阿诺德非常善于以低价购入某个地区的天然气合同，再以高价卖给另一个地区。由于天然气在美国各州之间输送起来很方便，这样的交易很容易达成。

凭借在天然气交易上的骄人业绩，入职 5 年后，阿诺德就成为安然公司薪水最高的员工。

正当阿诺德在天然气交易领域纵横驰骋时，老东家安然公司出了大事。

安然公司董事长、财务总监等高管监守自盗，通过关联公司损害公司利益。由于安然是一家上市公司，大股东与高管损公肥私的行为，严重伤害了其他股东特别是中小股东的利益，从而引起媒体与做空机构的穷追猛打，最后被迫破产。

2001 年，丑闻缠身的安然被审计时，审计师们惊讶地发现，在 2000 年安然公司天然气交易 10 亿美元的利润中，竟然有 7.5 亿美元来自阿诺德一人。有一次，他利用"神奇"的预测和交易手法，单笔交易获利就超过 1 亿美元。

这一发现，不仅震惊了参与审计的机构，也引起参与破产并购的各路买家的关注。因此，时年 27 岁的阿诺德，不仅没有在安然事件中受伤，还成了丑闻之外的一个明星，被称为"天才交易员"，赢得了"天然气之王"的美誉。

安然倒闭后，瑞士银行（UBS）买下了该公司的交易部门，并按照安然公司之前的契约，给了阿诺德 800 万美元的奖金，希望借此挽留他。但是，这位明星交易员最后还是离开了，这让 UBS 非常失望。

按现在流行的说法，阿诺德可谓真正的人生赢家，事业顺风顺水，家庭幸福美满。阿诺德的妻子劳拉也是一个学霸，她毕业于耶鲁大学法学院，曾在知名法律事务所利普顿供职。夫妇俩都爱好收藏现代艺术作品，并积极从事慈善事业。

在一封关于公益事业的公开信中，阿诺德披露了自己的家庭背景、成长经历与人生三观：

对于我们今天的财富，我们既觉得难以置信，又感觉谦卑，我们从来没有梦想过有一天能到达今天的境地。我们的背景和很多美国人差不多。我们俩都成长于典型的中产阶级家庭，家庭教育一直强调价值观、职业道德和社会责任。我们中学都在公立学校就读，上了私立大学也一直通过打工支持学业。当然，我们也曾希望有一天能变得"富有"，就像所有年轻人希望的那样，想要什么就可以有什么。出乎意料的，我们今天真的"富有"了。我们拥有的财富，已经超出了照料家庭、养育孩子，以及提供舒适生活方式的需要。

2．CE 传奇交易员的投资策略

曾几何时，安然公司是美国市值最大的能源公司，堪称能源界的航空母舰。因为"舰长"及"高级军官"的自私贪婪，这艘能源航母最终被空头击沉。但这艘航母上的中下级官兵，依然是当时最优秀的军人。因此，这些优秀的军人大多数并没有随安然沉没，而是被其他舰艇接收。当然，也有少数优秀官兵自立门户，阿诺德就是其中一个有代表性的人物。

离开安然时，阿诺德 27 岁。他用自己在安然获得的 800 万美元奖金，以及一些早期投资者的资金，创建了射手座能源顾问有限公司（Centaurus Energy Advisors, LLC，以下简称 CE）。

这个公司的主要投资者与主要雇员，不少来自安然这个老东家，以及其他比较大的能源公司。其中，就包括几位能源业的大人物，比如安然的前 CEO——格雷格·威利，还有比尔·帕金斯、杰弗里·韦尔奇、康拉德·戈尔。

前老板愿意来给前职员打工，这只能说明一点，除了双方共事时关系处得不错外，那就是老板非常认同这个职员的能力。

CE 的管理费率远高于对冲基金的平均水平，是管理资产规模的 3% 及其收益的 30%，而一般的对冲基金管理费多为 1%，收益分成为 15%—20%。

即使如此，CE 仍然在放开投资后不久就很快对新投资者关闭，而那些获得基金份额的投资者则是激烈捍卫自己的份额，就像好不容易挤进 VIP 室，害怕会被赶出来一样。

纽约能源对冲基金的合伙人约翰·基尔达夫表示："该基金当时已经到了只有是他儿时伙伴才能投资的地步。"

CE 刚成立时，基金总额为 6 亿美元，很快就增长到 30 亿美元，高峰时达到 50 亿美元。

阿诺德也确实对得起投资人的信任。

有关数据显示，CE 是历史上最成功的能源对冲基金，其年均复合增长率达 130%。

阿诺德将 CE 公司的总部设在得克萨斯州的第一大城市休斯敦，这里是他的故乡，也是石油重镇。

CE 公司管理比较宽松，公司里 70 多位交易员几乎全部是男性。据说，这些人以招摇的生活方式和不羁的行为著称，他们喜爱虚张声势，偶尔还会违反纪律。许多员工都是曾经的安然公司员工或安然的竞争对手公司的明星员工。

作为 CE 的掌舵者，阿诺德被尊为"王中之王"。提起这位天然气之王，圈内人印象最深的有三点：

一是聪明绝顶。事实上，从小时起，见过阿诺德的人都这样不约而同称赞他。这一点，在能源圈同行的口中依然没变。

二是熟悉行业细节。在圈内，阿诺德以"对天然气行业规律和油气管道研究得细致入微"著称，在下注之前，他对影响到交易走势的所有细节都吃得很透。

三是敢下重注。这一点也为圈内人所熟知，阿诺德经常基于自己的研究，对天然气价格走向押下巨额赌注。一位熟悉 CE 的人说："他每年只做一两笔交易，都是大额交易，每次都能巨额获利。"这种重仓下注的交易手法充满风险，一旦看错就意味着将输个精光。而阿诺德之所以敢这样做，主要是因为从 2005 年开始，CE 就不再对新的投资者开放了，基金主要是阿诺德和他的雇员们的资金。

对于这位天才交易员，外界的评价众口不一，神秘、低调、聪明、冷酷……

"经济学家的大脑、天然气行业的经验、赌徒般的铁石心肠、从灾难中获利的过人禀赋……他就是对冲基金射手座能源顾问有限公司的掌门人——约翰·阿诺德。"一家媒体这样描述。前桑普拉能源公司明星天然气交易员托德·埃斯说："我认为他的交易风格和所处的市场环境确实具有传奇性，因为在那种波动下他都能够一直赚钱。成功从未冲昏他的头脑。"

基尔达夫说："用'传奇'这个词形容他的职业生涯再合适不过了。在这个行业里有竞争者和伪装者，而他无疑是竞争者。"

一位与 CE 竞争并失败的对冲基金高层对《财富》杂志表示：

我从未见过这个行业中的任何一个人能像他这般受到所有人的称赞。拥有自己私人飞机的 CEO 们崇拜他。当他走进屋子时，那些资深的交易员就像 12 岁的姑娘看到娱乐明星贾斯汀·比伯一样围住他。到他这种成功地步的人通常都有很多人恨，但我从未见到任何人恨他，这对于这个行业是不可思议的。你知道，人们会当面赞扬保尔森或索罗斯，但背后会数落他们。但人们对阿诺德的唯一评价是"这家伙真是个天才"。

当时，在天然气交易领域，阿诺德确实是第一把好手。但这个天才交易员异常低调，几乎没有接受过媒体采访。

在鲜有的一次媒体采访中，阿诺德回顾说，当时安然倒闭，能源交易市场出现巨大的空间，而各能源企业之间面临着信用和风险的重新评估，CE 把握住这个大好机会：2004 年挣了 8 亿美元；2005 年，CE 参与了对著名对冲基金不凋花的狙击，获利超过 200%；2006 年，凭借对天然气走势的准确判断，阿诺德获得 317% 的高额回报；到 2007 年年初，CE 已拥有 30 亿美元资产。

阿诺德认为，交易最重要的是耐心。重仓不要紧，关键是寻找正确的交易时机，现在符合原则的交易机会已经很少，因此你必须耐心等待，当你确定可以打出一手好牌时，就再也不需要等待了。

3. 赌命"黑寡妇"，对战不凋花基金

阿诺德最具传奇色彩的交易之一是 2005 年卡特琳娜飓风之后，与对手不凋花基金的对赌。

这次对赌的标的，就是天然气期货市场著名的"黑寡妇制造商"Spread（指 2007 年 3 月和 4 月合约的价差）。之所以被称为"黑寡妇制造商"，指的是赌注可能会在财务上带来极大的危险。

这个赌注的核心在于，不凋花基金根据往年天气状况判定，2006 年将有更多风暴发生，所以他们认为离冬天越近，天然气价格将越高，而 CE 则做出了相反的判断。

阿诺德综合分析了气象数据，也咨询了气象专家，预见到气象上的平顺，以及这一年将会迎来一个暖冬，而天然气价格在这种形势下必将走低。为此，阿诺德耗巨资做空对方，几乎赌上了整个身家。

这个对赌过程，不仅是双方对天气状况的竞猜，更是两个明星交易员的较量，以及两家公司对市场风险把控的博弈。

由于阿诺德的低调和相关操作的隐秘，这起对赌中，CE 的具体操作细节无从得知。不过，由于不凋花基金后来破产，在对其进行资产审计的过程中，其操作过程倒是大白于天下。

与阿诺德对赌的交易员，在不凋花基金也是一位明星，同样为公司赚过大钱。他，就是该事件的主角之一布莱恩·亨特。之前，亨特在天然气期货交易上有过辉煌的战绩，2005 年为公司赚取了 10 亿美元的利润。

阿诺德精于计算，亨特则更牛，拥有数学硕士学位。这两位对手都是数学方面的学霸。

在《"不凋花"是如何凋谢的》（塞巴斯蒂安·马拉比 / 文 石伟 / 译）一文中，作者这样写道：

该公司一位名为布莱恩·亨特的交易员拥有数学硕士学位，并且为人真诚，给人的印象是永远都会保持冷静。从 2004 年入职不凋花基金公司起，他的天然气交易回报率就明显高于常人。他发现，冬季天然气价格会出现异常，因为天然气主要是由管道运送，供应路线不能轻易更改以填补意想不到的地区性短缺，因此价格不稳定。在由于冷空气到来而需求上涨时，面对不变的供应量，天然气价格会飞速上涨。亨特发现，天然气期权的价值会在短缺时暴涨，而在天气大好时出奇的便宜。亨特买进这些期权，认为这是一种典型的非对称交易：他最大的损失就是购买期权的成本，但如果市场遭受冲击，天然气价格上涨，他就可以赚很多倍。

另一种利用这个机会的办法就是同时买两个期货合约：做空夏季合约，做多冬季合约，如果冬季价格上涨，两者之间的利差会扩大。这个策略在近几年有很好的效果，并在 2004 年 11 月再次见效。天然气价格比夏季低点上升约 80%，不凋花基金赚了一大笔。

悲剧往往都是从喜剧开始的。

亨特在冬季天然气上的赌注表现不错，让老板马奥尼斯很欣赏他，将他提拔为不凋花基金公司能源部的负责人，有权自行交易。同时，老板将分配给能源部门的资本份额从 2004 年春天的 2% 上升到 30%。

晋升之后，亨特开始重仓去赌冬季天然气价格可能飙升。不久，天遂人愿：8 月，卡特里娜飓风毁坏了墨西哥湾地区的天然气生产钻井；接下来，丽塔飓风导致天然气供应再次受到打击；截至 9 月底，天然气价格大涨，甚至破了纪录。

重仓下注的亨特大赚特赚，其负责的天然气交易赚了 12.6 亿美元，成为不凋花基金当年的全部利润来源，而亨特也拿到丰厚的奖金，将利润的 10% 收入囊中。

这一年，不凋花基金的资产迅速增长到 80 亿美元，在全球对冲基金中排名第 39 位。马奥尼斯更加欣赏这个年轻的明星，风险部门负责天然气的一名成员表示，亨特是他见过的最优秀的商品交易员。

2006 年前几个月，亨特的成功仍在继续，他在 2005 年的最后 4 个月里赚了大约 20 亿美元。但是，他的仓位也越来越大。到 2006 年 2 月底，亨特持有 2006 年 11 月纽约商品交易所天然气期货合约的 70%，以及 2007 年 1 月天然气期货合约的 60%，这令人瞠目结舌。

4 月底，不凋花基金拥有 10 万份纽约商品交易所的合约，超过交易所所有月份未平仓合约的 40%。

这样重的仓位，显然已不是加大仓位所能解释的了。当时，天然气市场规模小，而亨特头寸的主要买家只有他本人，这些都导致了流动性风险——如果亨特需要卖出头寸，将无人接手。事实证明，亨特太冲动了。

不凋花基金在天然气交易上过高的仓位引起了市场的关注。更重要的是，这些头寸的品种也昭然若揭，只要查一下 3 月和 4 月哪些合约的利差扩大了，就能知道亨特大量买入的是什么。

5 月，私募股权投资巨头黑石集团的团队拜访了亨特，因为黑石旗下的 FOF 基金对不凋花基金公司投资了 1.25 亿美元，但是现在它改变了主意。黑石集团通知不凋花基金，下次有机会时将撤回资本。临时通知赎回有一个惩罚性费用，但黑石集团愿意支付。

此时，马奥尼斯终于认识到了自家仓位过高可能导致巨亏的事实。他让亨特降低风险，但是不太容易：没有人愿意购买不凋花基金的合约，正如黑石集团所担心的一样。

亨特手里的头寸太大了，已经没有人跟他玩了，换句话说，这些合约眼看就要砸在不凋花自己手里了。一名对手交易员后来说："认为在持有规模达到 10 万份时可以退出市场的想法是天真的，我知道不凋花基金最终会崩溃，只是时间问题罢了。"

事实正是如此。

在亨特想卖出一些头寸时，由于没有人接盘，市场转向了，4 月的光辉业绩之后就是可怕的损失。截至 5 月底，不凋花基金下跌超过 10 亿美元。

这时，很多市场玩家都盯上了亨特手中的头寸，这些玩家中就有阿诺德。他们调查了解这些合约的仓位分布，盯着这些合约的价格走势，随时准备扑上去咬一口。有的则展开与其部分头寸的对赌，比如，阿诺德与亨特在"黑寡妇"合约上的对赌。

不凋花基金公司这边，则需要设法坚持熬过夏天。

亨特仍被要求减少头寸，但他决定等待，因为减少头寸就必然造成严重的损失。到 7 月底，另一个关于夏末飓风的传闻出现，亨特大幅提高了头寸，导致夏季与冬季价格的价差扩大，使与他押相反赌注的对手对冲基金"母岩"崩溃。

天然气价格短暂的反弹没能改变价格回落的大趋势，贪功的亨特更没有利用这天赐良机顺势减仓，反而加大了仓位。

与此同时，不凋花基金老板马奥尼斯还在忽悠，整个 8 月，他仍在对外宣称"布莱恩·亨特真正擅长的是风险控制和衡量"。但真相是掩盖不住的，这月月底不凋花亏损继续扩大，经纪人发来了补充保证金通知。

8 月本来是美国飓风季节高峰期，不料，今年没有重现头一年的灾害，而是太平无事地结束了。天气晴好，天然气价格自然随之回落，掠夺性的竞争对手开始把目标对准不凋花的头寸。

进入 9 月，天气继续晴好，关于当年暖冬的预测开始在市场流行，空头借机发力，天然气价格大幅回落。没用几个交易日，关键的夏季和冬季利差就缩小至 9 月初的 1/3，不凋花基金一天之内损失了 5.6 亿美元。

对于阿诺德来说，那段时间也是非常关键的时期，事实上，他的仓位也很重，最高时高达 40 亿美元。所幸他笑到了最后，当天然气 3 月合约与 4 月合约价差在 2.14 美元的基础上急跌至 75 美分时，不凋花最终宣告失败。

亨特的幻想破灭了，这时候，他去恳求作为对赌方的阿诺德购买自己的头寸，简直是与虎谋皮，只能说明他的幼稚与不成熟。而马奥尼斯竟然将公司管理的超过 2/3 的资产押在这个人的孤注一掷上，更反映了不凋花基金风控的巨大缺陷。

9 月中旬，高盛对冲基金会议召开。会上，马奥尼斯宣称，不凋花基金公司有世界一流的股票基本面分析团队、世界一流的信用分析团队、世界一流的计量分析团队、世界一流的商品分析团队，而所有这些都在世界一流的基础设施之下。

这纯粹是"末日绝唱"，只能忽悠那些不清楚底细的人。事实上，9 月 14 日的那个周四，就是不凋花基金公司的末日。

很快，不凋花就被迫宣告破产清算，在天然气交易上巨亏 60 亿美元。

后来，知情人士透露了不凋花的一些操作细节。

一位接近纽交所的消息人士表示："不凋花基金公司持有 3 月的多头，同时持有 4 月的空头。"

其实，这样的投资组合与单一押注天然气价格上涨并无两样。如果天然气在冬天的供应状况不乐观，那么 2007 年 3 月的价格将会上扬，并拉开与消费淡季 4 月的价差。

美国能源对冲基金中心主席库沙路则认为，不凋花基金公司将每月的亏损顺延到下个月份，这不是某一两个月的行动，而是由 3—4 月开始，最后于 9 月巨亏终结收场。这样的操作其错误之处在于，在亏损后再拿出双倍已亏损中的投资组合相应的资金，期望有机会能抵销之前的损失。同时，公司完全没有风险管理制度。

商品交易市场上的这场天然气大战中，不凋花基金成为大输家，亏损高达 60 亿美元，最终破产。赢家中，阿诺德旗下的 CE 盈利近 10 亿美元，他个人获利据说超过 1 亿美元。

对此，能源咨询机构盖尔博联合公司的总裁阿尔特·盖尔博这样评价阿诺德领导下的 CE：

他们已经用触角测量了天然气市场所有口袋的流动性深度。他们从不凋花的麻烦中赚钱显然是可能的，他们是这个市场中很大的玩家，并有足够的能力理解为什么不凋花的头寸是那么的不堪一击。

4. 限仓令来了，明星交易员提前离场

对战不凋花基金，应该是阿诺德天然气交易生涯中最经典的战役。这场战役奠定了他"天然气之王"的宝座。

分析人士认为，阿诺德之所以敢于重仓做空不凋花看好的天然气合约，受益于亨特过大的投机规模，但他并未触犯任何法律。他成功地钻了大宗商品交易规则的漏洞。这个所谓的"安然漏洞"，允许交易员不受监管地收集大规模头寸而无须向监管层报告。此外，在一些巨头联合组建的洲际能源交易所及其离岸公司中，很多能源品种事实上都没有受到监管。

客观地说，安然漏洞确实带来了能源交易市场的活跃，由于头寸基本不受限制，大量资金涌入美国能源交易市场。这带来了石油、天然气产品价格的大起大落，甚至带来了超级机构对部分品种走势的操纵。据说，2008 年时，高盛集团的原油分析师对原油每桶能上 150 美元的神预测，就与安然漏洞有很大关联。

作为安然能源的明星交易员，阿诺德对安然漏洞的相关规则非常熟悉，对安然漏洞带来的市场影响心知肚明。无论是在安然任职期间，还是在独立创业之后，对安然漏洞的巧妙利用，都是其取得优异业绩的一个重要原因。

对战不凋花且大获全胜，让阿诺德在圈子内外声名远扬。

与影视明星千方百计出名不同，对冲基金经理一般都很低调，即使出名也是被动出名，比如，像阿诺德这样。平日，阿诺德非常回避媒体的报道，但他的年轻和成功仍然引发了广泛的关注。

2008 年，阿诺德再次预见了天然气期货市场泡沫破裂，个人财富增长了一倍。经营状况最好时，他执掌的 CE 资产规模高达 50 亿美元，是美国最成功的对冲基金之一。

2009 年，35 岁的阿诺德登上了《福布斯》富豪榜，在 2009 年世界最年轻富豪排行榜中列第 6 位。

人怕出名猪怕壮。

伴随着声名远扬，阿诺德和 CE 都引起监管机构的关注。后来，当美国商品期货委员会（U.S.Commodity Futures Trading Commission，以下简称 CFTC）开展交易头寸限制的调查时，阿诺德被盯上了。

CFTC 发起调查的一个重要原因，正是不凋花基金的倒闭，毕竟，这是当时历史上最大的商品交易基金倒闭事件。

不凋花基金倒闭后，不少投资者血本无归，于是，要求对大宗商品加强监管的呼声高涨。

事实上，不凋花基金的崩溃无法完全解释随后要求加强监管的呼声，因为它每月都按时发布月度报告，向投资者披露其投资策略。不少人认为，正是因为缺乏保密性，才使得一旦市场对其不利，它就容易成为攻击的目标。

无论如何，阿诺德在天然气交易中重仓下注的日子，很快就要结束了。从 2007 年开始，由于违反纽约商业交易所关于天然气的头寸限制，CE 屡遭小额罚款。

2007 年 6 月，CFTC 强制要求洲际交易所上报个体交易头寸给美国监管层，这是该交易所此前不需要做的。

2008 年，油价飙升，最高到达每桶 150 美元以上。高涨的能源价格引发政治上对投机者的攻击，阿诺德也被国会要求作证。

2009 年，CFTC 就限制投机持仓问题展开了一系列听证会，一向低调的阿诺德也在会上做了发言。

作为一名前高盛主管，CFTC 主席加里·根斯勒对市场抱以友善的态度，但他同时也坚信流动性最好能由大量的小宗交易形成，而不是受制于大型基金的头寸。

作为活跃在市场一线的交易员，阿诺德强烈抵制 CFTC 在能源商品上限制交易头寸的方案，他反驳说大型交易能够帮助市场在供应受到威胁时提供流动性，并且通过做空来保持价格的合理性。

"如果方案按照现在的框架加以实施，那么将对市场产生诸多不利的影响。"阿诺德表示。

他认为，限仓令将导致交易员们不得不关闭已有头寸，这样做，并不能达到稳定市场的目的；相反，反而会产生大量不必要的交易和更大的波动性。

这样的说明并不能说服那些呼吁推出限仓令的人们，他们要求阿诺德解释 CE 的几项大宗交易。对此，阿诺德解释道："根据我们的分析，我试着买入那些在公允价格以下交易的东西，卖出那些远期价格高于公允价格的东西。"

这样接近价值投资古典含义的解释，显然无法减轻外界对其在商品市场上大宗交易的疑心。

阿诺德也许没有说假话，但也没有做出贴近市场交易实际的说明。倒是 CE 的一家掉期交易对手的主管说了大实话。

这位主管认为："阿诺德旗下的基金最大的优势来源于它总是愿意充当能源公司套期保值的交易对手，同时为天然气市场提供流动性。"

这样做的好处有两个，一是确实为市场提供了流动性。投资银行和贸易商虽然是市场中介，但他们所能承担的市场风险有限，这时候 CE 这样的专业基金就扮演了市场风险承担者的角色，成为活跃市场的重要交易对手。二是能及时获得市场一手信息。正因为和不同的市场参与者不间断接触，CE 可以及时获得各方的一手信息，对多空双方的动态有更全面的了解，从而对市场的未来动向也有着最深刻的认识。

说白了，CE 这样的资金大鳄，在限仓令之前，对商品市场的现状及未来趋势的把握上，确实比一般交易者更享有优势。而无论这是不是市场大幅震荡的原因，在监管机构眼里这都是一种不公平的表现。

交易员们期盼的是流动性充裕的成交活跃的市场，但政客们考虑更多的是市场不要出事，因此，阿诺德这位天才交易员未能赢得这场战斗。2009 年 6 月，纽约商业交易所改变交易规则，对主要天然气交易合约施加硬性头寸限制。

有分析认为，对于阿诺德这样习惯于大额下注的交易员来说，这样的规定无异于绑住了他们的手脚。

天变了，最适合投机者生存的好时光过去了。

2010 年，CE 遭受了历史上首次年度亏损。为此，阿诺德决定缩减基金规模，归还 10 亿美元给投资者，基金剩余规模降至 40 亿美元，据估计，其中一半为外部投资。

2011 年，市况依然不好，CE 收益率低于 10%。

这一次，阿诺德决定金盆洗手。CFTC 的严格限制，页岩气等新能源的不断开发，让天然气交易看不到更好的前景，他决定急流勇退，毅然选择退休。

2012 年 5 月，38 岁的阿诺德宣布退休。这位传奇交易员的声明，震动了整个投资界。

《财富》杂志在《一个时代结束：天然气传奇交易员约翰·阿诺德关闭旗舰基金》中写道：

像阿诺德这样的传奇交易员为何要退休呢？这与其竞争优势有关，由于阿诺德的激情在于竞争并获胜，但近年来下滑的基金收益迫使他思考这场游戏的本质。他所仰赖的天然气市场不再是以前的样子了，页岩气的开发彻底改变了市场的格局。由于在可见的未来有充裕的供给，天然气价格不再能够如以前那般无视地球引力似的飙升，而这正是天然气过去吸引交易员的地方。这对美国是好事，但对交易员不是。尤其对于像阿诺德这样极度依赖天然气交易作为利润引擎的交易员。

当市场不再适合博弈时，交易员离场的时候也就到了。

5. 做慈善的方式很"阿诺德"

宣告退休时，阿诺德的身家大约为 40 亿美元。

有分析称，白手起家积累了如此巨额的财富，这么年轻就放弃原来的事业全身心投身于慈善的人，在美国历史上阿诺德是第一个。"做了17 年的能源交易员，我感觉现在是时候去追求其他兴趣了。"阿诺德说。

其实，早在退休之前，阿诺德就作为志愿者，服务于多个教育相关的非营利机构，为人低调，从不张扬。

2008 年，阿诺德与妻子劳拉建立了"劳拉与约翰·阿诺德"基金，资助司法和教育事业。他也是参与巴菲特"捐赠誓言"计划的富人之一，并承诺在有生之年捐出 75% 的财产。

令人惊讶的是，这位天才交易员做起慈善来也是那么与众不同。

传统的慈善家们，多是制造业与房地产业出身，他们喜欢把钱捐给自己生命历程中的一部分——上过的学校、待过的医院，或者是在故土修路建桥，或者是在他乡赈灾或救济饥民。

进入 21 世纪后，一大批出身科技和金融领域里的新慈善家们，选择了和前辈们不同的行善方式。阿诺德夫妇更是不按常理出牌，似乎比同辈慈善家们来得更为彻底。阿诺德基金会希望去探索政府不可能去证实的领域，或者企业因为看不到快速回报而不愿意去投入的领域。

阿诺德夫妇曾在"捐赠誓言"计划的网站上发表了一封公开信，中国的环球网曾对此文进行了转载。从这封信中，可以清楚地了解这对年轻夫妇的财富观和慈善观：

我们深深感恩我们的社区、我们的国家给予我们的种种机会，感恩所在的社会经济环境能让我们充分地利用这些机会。我们感觉我们有责任让其他人也拥有这样的机会。因此，我们认为我们的财富，它本身不是一个终点，而是一个工具，让我们可以用来实现积极的变革。为此，我们已经将相当大一部分资产捐赠建立劳拉和约翰·阿诺德基金会，而且在有生之年会继续此行。我们身故之后，绝大部分资产将遗赠给基金会。

在基金会，我们专注于如下领域：

（1）慈善投资于可以产生从长远上可以自我持续的解决方案的领域；

（2）让相对小金额的投资实现高杠杆效应，对社会福祉产生重大影响的领域；

（3）由于市场失效、缺乏信息或者其他原因，不能依赖市场产生最佳结果的领域。

这些基本原则已经引导我们在好几个领域进行了投资，譬如教育改革、医疗保健、社会服务和社会公正。

我们能在生命中相对年轻的时候，就开始这样一项重要的使命，为此我们深感幸运，同时也感觉时不我待。在未来的日子里，我们将把自己的大部分财富、时间和资源投入到慈善中，我们全心准备在有生之年实现具有变革意义的结果。再也没有什么工作比它更有意义，也没有什么使命比它更伟大。想要让世界有所不同，就该从现在开始。

附录 1　约翰·阿诺德的做空策略

（1）吃透行业细节

作为世纪之交的天然气交易明星，在圈内，阿诺德以"对天气规律和油气管道研究得细致入微"著称，在下注之前，他对影响到交易走势的所有细节都吃得很透。对这位天才交易员，外界的评价众口不一，神秘、低调、聪明、冷酷……

"经济学家的大脑、天然气行业的经验、赌徒般的铁石心肠、从灾难中获利的过人禀赋……他就是对冲基金射手座能源顾问有限公司的掌门人——约翰·阿诺德。"一家媒体这样描述。前桑普拉明星公司明星天然气交易员托德·埃斯说："我认为他的交易风格和所处的市场环境确实具有传奇性，在那种波动下他能够一直赚钱。成功从未冲昏他的头脑。"

（2）摸清水下深浅

当时，在天然气交易领域，阿诺德确实是第一把好手，但这个天才交易员异常低调，几乎没有接受过媒体采访。

在鲜有的一次媒体采访中，阿诺德回顾说，当时安然倒闭，能源交易市场出现巨大的空间，而各能源企业之间面临着信用和风险的重新评估，CE 把握住这个大好机会：2004 年挣了 8 亿美元；2005 年，CE 参与了对著名对冲基金不凋花的狙击，获利超过 200%；2006 年，凭借对天然气走势的准确判断，阿诺德获得 317% 的高额回报；到 2007 年年初，CE 已拥有 30 亿美元资产。

对于那场与不凋花基金的对赌，能源咨询机构盖尔博联合公司的总裁阿尔特·盖尔博这样评价阿诺德领导下的 CE："他们已经用触角测量了天然气市场所有口袋的流动性深度。他们从不凋花的麻烦中赚钱显然是可能的，他们是这个市场中很大的玩家，并有足够的能力理解为什么不凋花的头寸是那么的不堪一击。"

（3）抓住对手错误

2006年9月，资产规模高达80亿美元的不凋花基金成为商品市场天然气的最大多头。

数据显示，2006年2月底，不凋花基金持有2006年11月纽约商品交易所天然气期货合约的70%，以及2007年1月天然气期货合约的60%。4月底，不凋花基金拥有10万份纽约商品交易所的合约，超过交易所所有月份未平仓合约的40%。

不凋花基金在天然气交易上过高的仓位引起了市场的关注。一名对手交易员后来说："认为在持有规模达到10万份时可以退出市场的想法是天真的，我知道不凋花基金最终会崩溃，只是时间问题罢了。"

这时，很多市场玩家都盯上了亨特手中的头寸，这些玩家中就有阿诺德。他们调查了解这些合约的仓位分布，盯着这些合约的价格走势，随时准备扑上去咬一口。有的则展开与其部分头寸的对赌，比如，阿诺德与亨特在"黑寡妇"合约上的对赌。

而不凋花公司几乎毫无风控意识，方向做错后不仅没有果断止损，反而拿出双倍资金意图扭转之前劣势，最终被迫宣告破产清算，在天然气交易上巨亏60亿美元。阿诺德就赚走了其中的10亿美元。

（4）看准后敢下重注

阿诺德从不惮于基于自己的研究，对天然气价格走向押下巨额赌注。这一点也为圈内人熟知。一位熟悉CE的人说："他每年只做一两笔交易，都是大额交易，每次都能巨额获利。"

这种重仓下注的交易手法充满风险，一旦看错就意味着将输个精光。而阿诺德之所以敢这样做，主要是因为从2005年开始，CE就不再对新的投资者开放了，基金主要是阿诺德和他的雇员们的资金。

阿诺德认为，交易最重要的是耐心。重仓不要紧，关键是寻找正确的交易时机，现在符合原则的交易机会已经很少，因此你必须耐心等待，当你确定可以打出一手好牌时，就再也不需要等待了。

附录 2　约翰·阿诺德的人生轨迹

1974 年，约翰·阿诺德出生于美国得克萨斯州一个普通的中产阶级家庭，母亲是一名会计，父亲是一名律师。

1988 年，阿诺德 14 岁便开始做生意，开了一家公司，倒腾运动员卡片。当时，收集运动明星的卡片是一股风潮，许多人想要集齐某个队的全部卡片，会不惜重金购买。

1991 年，阿诺德赴田纳西州的范德比特大学求学。阿诺德在学校里是一名聪明的学生，给他在范德比特大学的教授留下深刻印象。他在三年里拿到了数学和经济学两个学位。

1995 年，从美国范德比特大学毕业后，阿诺德进入了曾经的能源巨头安然公司。他非常善于以低价购入一个地区的天然气合同，再以高价卖给另一个地区。由于天然气在美国各州之间输送起来很方便，这样的交易很容易达成。

2001 年，阿诺德在安然事件中成为丑闻之外的一个闪耀明星。审计结果显示，2000 年安然全年利润为 10 亿美元，其中 7.5 亿美元都来自阿诺德一个人的市场交易所得。这一年，他才 27 岁。有一次，他利用神奇的预测和交易手法，单笔交易获利超过 1 亿美元。

2002 年，在安然倒闭后，阿诺德凭借自己的名声在休斯敦成立了射手座能源基金公司（CE），基金总额为 6 亿美元。雇员中包括几位能源业的大人物，比如前安然的 CEO——格雷格·威利。

2003 年，一位 CE 的投资者说，阿诺德那年赚了 2 亿美元。

2006 年，CE 成功预测天然气期货走势，对战不凋花基金，大获全胜，当年收益率超过300%。

2008年，阿诺德再次预见了天然气期货市场泡沫破裂，将个人财富增长了一倍，管理的资产规模高达50亿美元，是美国最成功的对冲基金之一。

2008年8月，CE收购了国家煤矿公司10%的股权。

2009年，阿诺德在全球最年轻富豪排行榜中名列第6位。

2011年，阿诺德在福布斯400富豪榜上凭借35亿美元的身价位居第91位。

2012年，福布斯全球亿万富翁排行榜上位居377位。

2012年5月，38岁的阿诺德宣布退休。

第八章

约翰·保尔森：

做空次贷！完成史上最伟大的交易

2008 年 9 月 15 日，星期一。

这一天，对于全球特别是美国金融界来说，是一个灾难性的日子。而对于华尔街巨头雷曼兄弟公司来说，则是终极时刻。

经过近 6 个小时的讨论，雷曼兄弟公司董事会就美联储开出的公司破产条件达成一致。凌晨 1 点，公司 CEO 理查德·福尔德走出雷曼总部大厦，向等候多时的媒体宣布："雷曼兄弟正式向联邦政府申请破产保护。"

美国历史上规模最大的投资银行破产案诞生了！

令很多人意料不到的是，雷曼兄弟的倒闭，并不是次贷危机的结束，反而是更大规模的全球金融海啸的开端。

距离雷曼兄弟公司总部不远，就是在金融风暴中名声大噪的约翰·保尔森的公司。在这场席卷全球的次贷危机中，保尔森旗下的基金因为大规模做空次贷而赚取了大约 150 亿美元的利润，被誉为史上最伟大的交易。

此前，保尔森曾经的老东家贝尔斯登已经被收购。雷曼兄弟的破产，再一次打破所谓"大而不倒"的臆想。这一切，当然不是一家对冲基金的管理人所能决定的，但保尔森无疑是在关键时刻扣动扳机的极少数人中的一个。

事实再一次证明，最先发现危机苗头的往往不是身居高层的大佬，而是贴近基层的有心人。包括美联储主席伯南克、雷曼兄弟老板福尔德这样的华尔街巨头，怎么也没有想到，一个默默无闻的对冲基金经理竟然能搅动美国金融圈的浑水，掀起震动全球的金融海啸，更让华尔街五大投行成了历史。

1. 哈佛 MBA 闯荡华尔街

与其他大师级人物相比，约翰·保尔森可谓大器晚成。2007年次贷危机前，他在华尔街是真正的籍籍无名。

被称为"美国第一交易高手"的利弗莫尔，在1929年10月29日的"黑色星期二"之前，就已在圈内成名多年，是华尔街众所周知的交易者中著名的空头。1992年9月成功狙击英镑的索罗斯，早在20世纪80年代就已享誉华尔街，与黄金搭档罗杰斯合作期间更是春风得意。

但至少在2005年之前，华尔街顶级圈子里，几乎没有人知道约翰·保尔森的存在，类似他旗下两三个亿美元规模的对冲基金，华尔街满大街都是。那时，他本人及其旗下基金公司，属于华尔街非常边缘的小人物与小公司。

别看在华尔街混得不怎么样，这个移民后代年轻时却是地地道道的学霸，也是年轻人圈子里热情好客的"花花公子"。

1955年，保尔森出生于美国纽约市皇后区一个中产阶级小区。他的父亲是一家小型公关公司的首席财务官。这个家庭并不富有，却也算得上典型的中产，能够保证孩子衣食无忧，还能让孩子每年出去度几次假。

小时候，外祖父给了保尔森商业启蒙。6岁时，保尔森已学会向幼儿园同学兜售魔法蜡烛赚零花钱。再大一点，外祖父教他从超市买来大包装的糖果，再拆开零售给同学。因此，赚钱一直是保尔森心中强烈的欲望，用他自己的话说："口袋里有钱的感觉真好！"

高中毕业后，保尔森顺利地考入名校纽约大学。

当时，越战阴影笼罩美国。与那个时代的美国青年人一样，大学时代的保尔森也曾感到迷茫，没有方向。有些厌学的他，在父母安排下，利用暑假去了一次南美洲厄瓜多尔的叔叔家。这趟南美之旅让他变得富有激情，开始着迷于赚取财富，为此甚至休学两年。

这两年间，保尔森尝试了多样生意，最后赚了二三十万美元。之后，他发现，要想真正赚大钱，还是需要读完大学，积累更多的知识和人脉。

南美归来，保尔森以前的同学已经读大四了。为了不被落下太远，他开始拼命地学习，结果用 19 个月时间修完了全部的学分，成为班级第一名。

大学期间，保尔森在学生中算是个有钱人，加之他平和开朗的性格，很受同学们欢迎。大家有问题都喜欢向他请教，他也总是善于将复杂的问题简单化，帮不少人解决了疑难。有同学给他起了个"JP"的外号，这既是他姓名开头字母的缩写，又蕴含着金融大佬 J.P. 摩根的含义。每当有人这样叫他时，他总是面带微笑答应。

在纽约大学期间，高盛集团高管、后来的美国财政部部长罗伯特·鲁宾来校演讲，鲁宾作的关于风险套利的讲座吸引了他，一单能赚 50 万美元的套利交易，在他心中种下了未来做对冲基金的种子。

1978 年大学毕业后，保尔森接着攻读哈佛大学 MBA 学位。

在哈佛学习期间，一次偶然的机会，保尔森聆听了杠杆交易先驱、著名的私募股权投资机构科尔伯格·克拉维斯·罗伯茨集团的杰里·科尔伯格的演讲。演讲中，科尔伯格讲了一个并购案例。他用 50 万美元本金，撬动 3600 万美元贷款，收购了一家公司，6 个月后卖出去，大赚 1700 万美元。

从此，保尔森开始了对杠杆交易的长期关注和研究，并将事业目标指向华尔街。从哈佛商学院毕业时，保尔森成绩排名前 5%，还获得了"贝克学者"的称号。但是，优秀的学业成绩，并没有使他在职场上一帆风顺。

刚毕业时，工作不是很好找，保尔森就进了待遇尚可的波士顿咨询公司，后经人介绍来到华尔街的投资银行贝尔斯登公司。此后四年，他在公司并购部从最低的分析员升到了董事总经理。

这时，保尔森意识到，投资银行家只能赚佣金，获利远不如自己直接做资产管理。之后，保尔森应邀加入一家小型投行做高管兼合伙人。

在这家小型投行，保尔森专攻并购套利，并从公司老板身上学到一条终身受益的原则："提防损失，让盈利自由奔跑。"由此，也形成了他终身信奉的核心投资理念："一是对市场下跌准备充分，市场上涨时便不必费心；二是风险套利不是追求赚钱，而是追求不亏钱。"

多年的职场历练，让保尔森练就了优秀的财务分析能力，造就了他敏锐的眼光。在实际操作中，华尔街的条条框框、评级机构的信用评级……在他眼里都不足为奇，他总是海量收集财务信息后自己综合分析，并以此作为投资判断的依据。

独立思考，不人云亦云，正是每一位投资大师都具备的最重要的素质。

2. 怀抱美人，套利科技股

辗转多家公司后，保尔森厌倦了职场生活。他看得很清楚，给别人打工是很难发财的。

1994年，保尔森辞职创业，准备建立一只对冲基金。

一开始，保尔森想利用之前积累的华尔街人脉。"当时，我认识很多人，我以为我可以很快就能筹集到大量的钱财。"他寄出了500多封信件，邀请以前认识的一些金融圈朋友投资，哪怕是低于100万美元的最低投资金额也行。但这些信基本上都是石沉大海。

创业伊始，保尔森还是高估了自己的影响力。

之前，保尔森没有独立管理过基金。他待过的公司，虽然很有名，但他向人描述的一些知名项目中，也看不出他个人有多大作用。再加上他曾经的花花公子般的生活作风，给不少投资人以不稳重的印象，因此，他的筹资行动几乎无人响应。

有人说，一家对冲基金的核心能力有两个：一是筹资能力，一是投资能力，二者缺一不可。在没有名气之前，这两项能力，在别人眼里保尔森都很欠缺。

不仅筹资不顺，投资团队也找不到合意的人。

一次，在洛克菲勒中心，保尔森想邀请一位对冲基金经理入伙。

"我是哈佛 MBA，大学时在班上的成绩是第一名。"保尔森这样介绍自己，在吹嘘过华尔街知名投行经历后，开始显摆自己的学霸经历。

但是，对方的回答让他始料未及："真的吗？好吧，我是从佐治亚州排名第 11 的大学毕业的。"话不投机，这场招聘当然告吹。

筹资与招人都不顺，保尔森只好用自己的 200 万美元本金注册公司，雇了一个助理，和其他几家小对冲基金合租了一间办公室。

不熟不做，这是创业的常识。这一点，保尔森倒是做得不错。头几年，他的小公司专做并购套利和事件驱动投资。即使如此，公司成立一年后才有了第一位客户。

从创业来看，这位昔日的学霸可谓是一个慢热型创业者。

直到 2000 年之前，保尔森管理的资产都增长缓慢，基金规模只有 2000 万美元左右。在华尔街，这样的规模简直微不足道。一方面，是因为他不善于营销；另一方面，也因为他非常谨慎，希望建立良好的业绩记录。

1999 年，保尔森的个人生活出现重大转折。

从学生时代起，保尔森就喜欢社交，很受女孩子们欢迎。进入华尔街后，他依然保持着这一作风。在紧张工作之余，保尔森经常参与金融圈人士的派对活动。

不过，创业后保尔森就放弃了这种社交活动。这时，年过不惑的他希望找一个知心爱人，安安稳稳过日子。看惯风花雪月的他，择偶标准不是金钱，也不是美貌，而是乐观开朗。

按照这个标准，保尔森在认识的女孩中搜索。戏剧性的是，他突然发现，这个人不是远在天边，而是近在眼前。她就是公司助理，罗马尼亚来的珍妮："珍妮从不抽烟喝酒，也从不夜出晚归。对我而言，她就像空气那样清新可人，总是面带微笑，乐观开朗。"

保尔森开始悄悄追求自己的助理，但珍妮一开始并没有表态，也从不答应他到外地旅游的邀请。在她心里，始终迈不过职业这条底线，不知道该如何与自己的老板谈恋爱。后来，在保尔森不断邀请下，珍妮才开始与他共进午餐。

6个月后，这段办公室恋情成长为正式婚姻。当保尔森公布婚讯时，公司所有人都大吃一惊。结婚后，保尔森的生活更稳定，事业也开始有了起色。

2000年，互联网泡沫开始破灭。那时，已经上市的高科技公司，喜欢利用高股价优势展开并购。保尔森发现，这里面有套利机会。

保尔森的策略是这样的：当一家高科技公司宣告收购另一家公司时，他就大举买进被收购公司的股票，同时做空收购方的股票，这样就能够赚到合并完成之后的股票差价。

这一策略，看上去简单，但很有效。连续两年，保尔森基金业绩都保持了5%的增长。

那两年，正是股市水深火热的时候。保尔森的基金逆市飘红，投资人便闻风而来。到2003年，他管理的基金规模就达到了6亿美元。与结婚前的2000万美元相比，3年间增长了30倍。看来，珍妮还真是一位旺夫的妻子。即使如此，在基金林立的华尔街，当时的保尔森可谓地地道道的小人物。就像中国一家自媒体"饭统戴老板"描述的那样：

保尔森身上也很难看出对冲基金大佬的影子，他出差坐经济舱、调研坐最后排、向上市公司提问时毕恭毕敬，45 岁第一次结婚，对象是自己的女助手。无论是与众多华尔街少年得志的才俊相比，还是与住在康涅狄格州格林尼治镇上的对冲基金大佬相比，保尔森都看起来默默无闻。

3．价值 200 亿美元的房价走势图

纳斯达克泡沫破灭后，美国经济不景气，企业并购冲动减少了许多，因此，专做这方面业务的保尔森基金，业绩一直不温不火。

转眼间，到了 2004 年。这时候的保尔森已到五十知天命的年龄，但人生状态还是没有太大的改观，除了多了温馨的家庭外，事业上没有更大的起色。不过，他心中还憋着一股劲儿，希望有机会干一番大事业，在华尔街出人头地。只不过，保尔森没有意识到，带来这个机会的人，已经来到身边。

这个人叫保罗·佩莱格里尼，是保尔森在哈佛商学院的校友，也是在贝尔斯登公司时的同事，当时关系处得不错。佩莱格里尼来自意大利，个性倔强，经历曲折。在来保尔森公司之前，他已经两次离婚，两次被解雇，除了离婚得来的 30 万美元，几乎没有什么积蓄。人到中年的他，算得上潦倒落魄。这个年龄，在华尔街混成这个样子，可以说很失败。这一次，到保尔森公司来，说实在的，佩莱格里尼就是刷脸来的。

面试时，公司两位年轻的主管有点看不上佩莱格里尼，但保尔森看在过去的情面上，还是将他留在了公司，不过，只提供给他一个初级分析师的职位，与那些刚毕业不久的人混在一块。即使如此，佩莱格里尼

仍然感激不尽。

来公司前，佩莱格里尼离婚不久，有两个在私立学校读书的儿子需要供养，因此，一旦失业，未来的日子简直不敢想象。为了报答老友，他每天起早贪黑，跟小 20 岁的同事一样在格子间里忙活。

当时，美国房价像吃了兴奋剂一样，一个劲儿地往上蹿。一次酒会上，保尔森与一位朋友谈论起疯涨的房价，两人都有些担忧。这时，另一位熟人端着酒杯走过来。这个人依靠倒腾房地产，赚了不少钱。听说保尔森还在做并购，这个人不屑一顾地说："你们这些家伙整天忙来忙去，年收益才 10%—12%。这点钱有什么用？我一年的收益率超过 25%，几年后，我的资产就能翻一番。"这些话让保尔森很不舒服，他反唇相讥："你真是了不起呀！但愿你知道什么时候收手？房地产曾经大跌过，难道现在就不会再跌？"

虽然嘴上不服，但这件事仍然对保尔森刺激不小。他开始关注美国楼市，考虑如何对冲基金资产的风险。

保尔森的心事，被佩莱格里尼看破。2004 年 10 月的一天，佩莱格里尼在公司走廊里拦下了保尔森，他向老同学建议："美国房价涨得太高了，可以用一个叫作 CDS（Credit Default Swap，信用违约互换）的工具，来做空美国楼市，以保护公司管理的资产。"

这是保尔森第一次意识到可以通过 CDS 赚钱。佩莱格里尼的建议引起了保尔森的兴趣，于是吩咐自己这位老同学放下手头工作，先去摸清美国楼市底细。

2000 年之后的那一轮房价上涨，与美国总统小布什密切相关。2001 年，小布什上台后推行"居者有其屋"方案，那些无工作、无固定收入和无财物的"三无"人士也归入其中。由于政府鼓励，当时，买房按揭非常容易。这些人没有还款能力却积极涌入楼市。

据说，有一个墨西哥移民要买房，中介问他："要有工作才能按揭，你是干什么的？"

对方回答："街头卖艺的。"

中介打了个响指："没问题！你就穿着演出服在房子面前拍张照吧。"

于是，房贷就批下来了。

信贷泛滥，房价飙升，在当时的美国，房子买到就是赚到。

另一个段子里讲道：

有位房地产大亨声称要在黄石公园门口建一座世界最贵的豪宅，消息传出后，房子还未见一砖一瓦，仅凭建筑蓝图便以 1.55 亿美元卖出。这与空手套白狼几乎没有什么两样。

据统计，1997 年到 2006 年房价最高峰期间，美国房产均价上涨了 1.2 倍。

调查之后，佩莱格里尼感觉美国楼市泡沫有点大。保尔森也有同感，但作为投资家，他不会听风就是雨。无论是市井传说中的段子，还是一般性的涨幅统计，对于打算做空楼市的对冲基金来说，这样的理由与数据远远不够。

保尔森很清楚，一项投资首先需要考虑两个因素：概率和赔率，也就是"确定性"跟"收益比"。他亟须弄清楚，美国楼市的泡沫究竟达到什么程度，需要有逻辑清晰的量化论证，而不是所谓的感觉。

这正是保尔森交代给佩莱格里尼的任务。

自进公司后，佩莱格里尼始终觉得自己不受重视。老板亲自布置的这个任务，显然是个机会，关系到自己在公司中的地位甚至饭碗。为了孩子们的未来，这老兄也真是拼了，他下决心做出个有价值的报告。

年轻时，佩莱格里尼也是个学霸，数学与物理成绩非常好，特别擅长把复杂的数量关系用简单的图表清晰地表达出来。

一天深夜，为了搞清楚房价走势，佩莱格里尼将1975年以来的美国房价涨跌数据，按时间顺序，汇总到一张图上。最后，他用数学方法将其描绘成非常简单的曲线。

图表完成后，他惊讶地发现：1975—2000年间，剔除通胀之后，美国房价年度增长只有1.4%；而接下来的5年，房价每年涨幅却高达7%；如果房价重新回到趋势线，调整幅度最大可到40%。

这张看上去非常简单的趋势图，就是后来闻名遐迩的"自1975年以来剔除通胀的美国房价指数"，它非常清晰地揭示了美国当时的房价泡沫有多么大。

这张图表，让保尔森对做空美国房地产市场信心倍增。最终，从这张图片出发，保尔森公司在做空次贷中获得净利润约200亿美元。所以有人说，这是一张价值200亿美元的神奇图表。

4. 发现 CDS 这个暴富天机

"知道投资泡沫存在并没有多大价值，知道怎样从中获利才有价值。"

摸清了美国楼市的泡沫底细后，保尔森开始考虑如何利用这些泡沫进行投资操作。第一步，当然是要确定选择哪种投资工具。这时候，保尔森自然想起佩莱格里尼之前推荐的CDS。只不过，他对这种金融衍生品不太熟悉，佩莱格里尼自己也是二把刀，对这玩意儿似懂非懂，只是以前在别的公司看见当时的同事操作过。于是，保尔森便安排给这位老同学一项新任务——抓紧把CDS搞明白。

有了新任务，佩莱格里尼很兴奋，显然，老板开始重视自己的建议，未来很可能把这个大项目交给自己负责。于是，这位老兄拿出年轻时游学四方的劲头，到处参加各类有关 CDS 的讲座。

要搞明白 CDS，首先要知道 CDO（Collateralized Debt Obligation），也就是"担保债务凭证"。美国楼市火爆时，有很多专门放贷的公司，这些贷款公司担心放出去的贷款收不回来，于是便找到投资银行帮忙。投资银行便将这些贷款公司的房贷债券化，打包出售，美其名曰"风险收益共享"，这就产生了"担保债务凭证"。当时，楼市正火，这些担保债务凭证很畅销，不少大玩家甚至动用杠杆投资。不过，有些人还是不放心，于是就有人灵机一动，为这些担保债务凭证上了份保险，设计出一个信用违约互换，这就是所谓的 CDS。

2007 年以前，美国几乎没人相信房价会跌，认为按揭违约的概率极低。因此，作为担保债务凭证保险的 CDS，定价非常低，费率只有 1%。费率虽然低了点，但发售 CDS 的机构认为，被担保的债务零风险，所以，自己简直是捡钱。

"CDS 就像保险合同一样，投保对象没事，购买方就等于白扔钱，出了事就可以获得巨额赔付，而成本不过是 1% 的固定年费，不像做空股票那样，一旦标的股价上涨就会损失巨大。"在华尔街转了一圈后，佩莱格里尼回来汇报。

听取汇报后，保尔森算了一笔账。

假如拿出 1 亿美元做保证金，可以购买针对 BBB 级债券的赔付金额 12 亿美元的 CDS 产品，但并不需要立即支付 1 亿美元，而是每年交 1% 的保费，1200 万美元。那 1 亿美元的本金，可以在投保之前存入银行获取 5% 的利息，即 500 万美元，这样第一年只需要支出 700 万美元，加上每年 1% 也就是 100 万美元的基金管理费用，总计 800 万美元。

这样一来，投入 1 亿美元购买赔付金额 12 亿美元的 CDS，一年最多损失 8%，但只要投保的债务出现违约，理论上最多可以获得 12 亿美元的赔付，投资收益最大可达 1200%（如果 BBB 级债券全部违约，CDS 全部赔付，当然实际情形或多或少）。

显然，这是一桩"投入与结果不对称"的交易。对于那些出售这些产品的金融机构来说，这是典型的占小便宜吃大亏，一旦信用危机爆发，就要遭受巨额索赔。

慎重起见，保尔森首先组织人手盘点市面上各类房屋抵押贷款的底细。他摒弃了评级机构的打分，亲自带领自己 45 人的团队，追踪成千上万的房屋按揭，逐个分析所能获取到的个人贷款的具体情况。

不查不知道，一查吓一跳。海量数据表明，按揭贷款还不上的买房者不在少数，房贷烂账坏账比比皆是，投资者远远低估了抵押信贷市场上所存在的风险。这让保尔森坚信，这个市场在不远的将来肯定会崩溃。

果真如此，市面上那些"投入与结果不对称"的廉价 CDS 产品就是垃圾中的黄金。这是掩藏在楼市泡沫与次贷狂欢下的一个极不起眼的黑洞，里面蕴藏着暴富机会。

"这是千载难逢的机会！"

搞清楚这一切后，保尔森兴奋不已，他知道自己梦寐以求的机会到来了。后来的事实证明，发现这个机会的人，全球不超过 20 个，而且全部在美国。

机不可失，失不再来。保尔森决定计划投入至少 10 亿美元，一边加杠杆做空各类低等级担保债务凭证，一边大举买入为这些担保债务凭证做保障的廉价 CDS。下这个决心的时候，保尔森心里想的是格罗斯的那句名言："一旦发现有巨大潜力的交易，就应该直击要害。"

"我们发现了一座宝矿，难道我们只是上前摸一把吗？"保尔森向公司同人强调，他决心为 CDS 交易再成立一到两家基金。为此，保尔森在公司里成立了一个新部门，交给佩莱格里尼负责。佩莱格里尼性格有点偏，因此，新基金的筹资主要还是保尔森自己主导。在这方面他颇具天赋，他能将复杂高深的策略讲解得平易近人。

即便如此，新基金筹资还是不甚顺利。一直到 2006 年 6 月，新基金一共才筹集了 1.47 亿美元。为此，保尔森很是头疼。当时，真正愿意投资这个 CDS 基金的，差不多全是保尔森的老客户，这些客户已跟随他投资多年了，相信他对市场的判断。此外，愿意大笔投入的，还有像彼得·索罗斯这样的大投资商。彼得是金融大鳄索罗斯的亲侄子，也是一名冒险家，而且与保尔森相识多年，相信保尔森的眼光。

第一只新基金终于筹到了 7 亿美元，加上公司之前管理的资金，保尔森能够用来做空次贷的"弹药"已经达到了数十亿美元，这样他就有能力持有高达上百亿美元的 CDS 合约。

资金到位后，佩莱格里尼就开始组织人手，到市场上翻箱倒柜地寻找低质量担保债务凭证，越烂越好。他们可不是要购买这些担保债务凭证，而是买入这些担保债务凭证的 CDS 保险合约。

天机不可泄露。保尔森特别叮嘱这位老同学，购买 CDS 的时候，要尽量低调，不要声张。因此，购买 CDS 时，保尔森公司的员工非常低调，总是东买一点西买一点，装作可有可无的样子，生怕被对手发现后抬高价格。

当时，新世纪公司是华尔街上专门给信用资质差的客户放贷的。因此，这家公司的担保债务凭证中，骗子贷款和仅付利息的贷款占大部分，这家公司担保债务凭证的 CDS，正是保尔森非常喜欢的品种。

5. 小人物与整个华尔街作对

保尔森决定动手的时候，已是 2006 年春天。这时，美国楼市已经开始滞涨，房价指数开始走平。因此，当他准备下大赌注做空次贷时，不需要像过早进入的那些聪明的同类一样，承受房价上涨带来的巨大损失与心理压力，甚至从先驱变成了先烈。

随着时间的推移，保尔森做空房市已成了金融业公开的秘密。不过，他的行为在华尔街顶级金融圈却一点也不受待见。这一点，佩莱格里尼感受最深。

走在华尔街的大街上，他发现，专家们对他的态度冷淡了许多。大家都在忙着放贷或者交易担保债务凭证，赚钱正欢呢，保尔森的人却不断给大家泼冷水，这不是存心捣乱吗？

很多熟人包括老朋友都不认同保尔森的做法。"保尔森一直从事的是并购投资，突然间，他对房市次级贷款有了自己强硬的观点。"一位与保尔森很熟的朋友说，"当时最厉害的按揭贷款专家包括弗兰罗斯，都对次贷很有信心。"

保尔森本人也不受华尔街欢迎。当时，保尔森曾经拜访了华尔街几乎所有的知名金融机构，包括自己的老东家贝尔斯登。但无论是他认为的房价泡沫，还是他所谓的次贷危机，都被华尔街同行们不屑一顾。保尔森想不明白：这么明显的泡沫，为什么这些顶级聪明的人却一点看不出来？

当时，华尔街的主流观点就是房价不会跌。就连时任美联储主席伯南克也在公开场合直接声称："我们从来没有经历过全国范围内的房价下跌。"可以想象，在这样一种氛围下，保尔森做空担保债务凭证的决定需要多么大的魄力。

这位曾经的学霸，还是有些书生气，他不明白"屁股决定脑袋"的原理。要知道，房地产泡沫本身就是流动过剩造成的，流行在市面上的担保债务凭证与CDS，都是华尔街金融大鳄创设的，鼓吹做空就是同这些人过不去。

面对房市泡沫，绝大多数人确实看不透，极少数人知道危险但因为利益攸关却装糊涂，因此，指望华尔街这些人赞同做空房市，简直比登天还难。因为购买 CDS，保尔森已经与华尔街金融大鳄们成为房市大赌局中的对手。如果房产泡沫不破，次贷不违约，保尔森购买 CDS 就是白送钱给这些金融大鳄；而如果房价崩盘，次贷违约，那么这些 CDS 就成了无价之宝，保尔森就会发大财。因此，每一场这样的拜访结束，双方握手告别的时候，估计内心里都恨死了对方。

这场对赌中，双方的实力实在太过悬殊。2007 年以前，在高手如云的华尔街，保尔森默默无闻，是微不足道的小人物。而他面对的对手盘，却几乎是整个华尔街。因此，即使有雄心壮志，保尔森也只能保持着警觉的目光，如同蛰伏在灌木丛后的猎豹一般，伺机而动。一场大的赌局，当押注完成之后剩下的就是等待和煎熬。很多时候，这种等待比下决心更难，何况周遭都是反对派，几乎见不到真正的同志。

当然，面对这场房市与次贷的世纪狂欢，能看透背后危机的也不止保尔森一人。据统计，当时有 13675 家对冲基金和数千家其他类型投资机构获得了投资 CDS 的许可，但仅仅有 100 家机构涉足了 CDS，其中大部分还是为了对冲手上的不动产，只有不到 20 人有胆量直接对赌房地产市场的崩溃。而敢于且能够下大赌注并坚持到最后的不到 10 人，保尔森则是其中最成功的一个。

与绝大多数人唱反调，对当事者是一种巨大的心理折磨。这种折磨是如此的痛苦，以至于参与做空的很多人都开始怀疑自己："难道我错了吗？"这样的情景，在后来上演的电影《大空头》里得以真实重现。瑞恩·高斯林扮演的贾瑞德·韦内特，作为"做空鼓吹者"承受了巨大的压力。在被空头三号迈克尔·布瑞和员工狂骂了半天之后，他安排这些做空者去参加拉斯维加斯的行业峰会，直接面见看多房价的交易对手，来坚定做空信心。

2006 年秋季，保尔森团队的做空布局基本就绪后，一开始，房价并没有出现下跌，整个楼市依然繁荣，因此，那只专门做空抵押债券的新基金从 8 月起一直在赔钱。保尔森的妻子珍妮也开始担忧，她平时很少过问公司投资的事，但这一次保尔森把自己家的钱几乎全投进去了，不能不让她关心。不久，一位好友兼客户也有些担心地问："势头不对呀兄弟！我们是不是准备止损？"

保尔森回答："不！相反，我还要加注。"

保尔森所说的"加注"就是做空 ABX，一个在 2006 年年初才被创造出来的反映房产次贷市场状况的指数。

当然，保尔森也不是没有压力，毕竟是孤注一掷，将全部身家都赌上了，如果失败，已经 50 多岁的他，可能再也没有翻身的机会了。这时候，他总是默念丘吉尔的那句名言："永远不要放弃！"心理自我安慰后，保尔森喜欢到办公楼旁边的中央公园长跑，每次至少要跑 8 千米。

深秋的纽约中央公园，秋叶似火。清晨，沿着湖边的小径，人们经常见到保尔森，穿着运动衫缓步慢跑。公园里风景如画，但保尔森坚信，冬天一定会到来，到那个时候，再红的枝叶也会在寒风中凋零。

6. 史上最伟大交易成就华尔街空神

2006 年冬天，估计是保尔森这辈子最难熬的时光。

为了挽救岌岌可危的楼市，小布什政府曾出手相救，一度下跌的 ABX 指数大幅反弹。这一年的圣诞假期，保尔森过得没滋没味。

2007 年元旦刚过不久，一家大银行的交易员打电话告诉佩莱格里尼，按揭借款证券出现了细微的贬值，他们买的 CDS 合约总算升值了。通告消息后，他建议："之前，这批次贷跌了后立刻又反弹，您考虑下要不要把 CDS 卖回给咱们，等到 3 月以后再贱价买入？"

担保债务凭证价格开始松动的消息传来后，大家欢呼雀跃，觉得暴风雨后的彩虹马上就要出现。作为项目负责人，佩莱格里尼压力也很大，他建议保尔森卖出部分持仓。保尔森没有心动，他只是冷冷地说一句："继续买入！"他坚信，次级抵押的多米诺骨牌已经推翻，好戏还在后面。

不过，那些放贷公司也没有束手就擒，尤其是新世纪金融公司，为吸引客户简直没有任何底线，业务看上去甚至比以往还要火爆。不知底细的人，纷纷看好这家公司前景，其股价也因而大涨。

保尔森非常讶异："这些家伙满口都是谎言，那么多聪明人怎么都相信呢？"

纸终究包不住火。新世纪金融公司的好日子马上要到头了。

2月7日是这家公司发布上一年年报的时间，保尔森坚信，需要严格审计的年报，不会像之前的季报一样好糊弄，其一塌糊涂的财务状况肯定会暴露。

这一天下午，保尔森一直待在办公室里。他什么也没做，一边吃着桌上的一袋樱桃，一边等候新世纪金融公司的财报消息。

"老板，这些家伙搞砸了！"一位员工兴奋地冲进办公室报告。

年报显示，新世纪金融公司2006年第4季度意外出现亏损。年报称，许多借款人的还款出现问题，公司将被迫赎回之前卖给各大银行的贷款，年内大部分利润将因此被抵销。

"总算等到这一天了！"确认消息后，保尔森终于松了一口气。他意识到，预期已久的次贷市场崩盘马上就要开始，这场金融狂欢到了埋单的时候了。

第二天，股市一开盘，新世纪金融公司的股价就大跳水，当天暴跌36%。同时，反映次贷市场走势的ABX指数大跌5%。当时，保尔森公司里所有人都惊呆了，就像电影《大空头》里所描述的那样：

保尔森公司的员工打电话咨询最新的ABX价格，对方告诉他上午下跌了 5%，公司的人目瞪口呆，因为每跌 1%，保尔森公司就会赚到 2.5 亿美元，一个上午跌 5% 意味着赚了 12.5 亿美元。仅仅半天时间，他们就超越了索罗斯当年做空英镑所赚取的利润总和，成就了金融史上又一奇迹。

得到消息时，保尔森正与两位并购经理人洽谈公司股份出售的事。那段时间，不知什么原因，他希望出售一部分公司股份拿到一些现金，接到下属电话，他示意离开一会儿。

保尔森离开时的神情，一看就有什么好事。一位经理问保尔森是不是还有别的事情要处理，用不用找个更合适的时间来重新安排会议。保尔森终于说话了："我们今天的交易额出来了，赚了 12 亿美元。"

这两位并购经理人听后，也是满脸不敢相信的表情。不过，他们清楚，收购的事儿肯定没戏了。

保尔森，这个曾经不入流的基金经理，终于完成了他"一生的交易"，在华尔街一战成名！

"假设—论证—筹资—下注—等待—收割"，为了这一天，保尔森及其团队伙伴熬过了多少个不眠之夜呀！

之后几周，ABX 连续下跌，保尔森公司自然是财源滚滚。

2 月，保尔森的基金客户收到了月度成绩单，那是一个令人咋舌的数字：66%！

之前，保尔森公司一年的收益都没有这么高过。因此，这个数字吓坏了很多客户，不少人以为印错了，再三确认才知道这是真的。客户们的狂喜随之迸发，他们跟随保尔森成为这场次贷危机的大赢家。

保尔森基金的巨大收益，引起华尔街大鳄们的高度关注。

金融大鳄乔治·索罗斯，得知侄子大赚后，特地约见保尔森，邀请他共进午餐。这让保尔森有点受宠若惊，这意味着自己终于得到了华尔街的承认。

这顿午餐后，根据保尔森介绍的套路，索罗斯下半年也赚了几十亿美元。

到了 2007 年年底，保尔森做空次贷的两只基金战绩辉煌。

第一只基金升值 590%，第二只基金也升值 350%，基金总规模已达到 280 亿美元。

这一年，保尔森一举登顶 2007 年度最赚钱基金经理榜，力压金融大鳄乔治·索罗斯和詹姆斯·西蒙斯，被誉为"对冲基金第一人""华尔街最灵的猎豹"。

这一年圣诞节前的一个周五，在公司的接待室，保尔森打开一箱香槟，为自己斟上了一杯，然后向团队举杯。著名记者格里高利在《史上最伟大的交易》一书里，这样描述当时的情景：

> 他微笑着，他的一些员工从来没有见过老板这么高兴。保尔森接着为他的员工们干杯，并特意向公司的幕后工作者和远离镁光灯的其他部门敬了一杯。"感谢所有的人，"保尔森说，他环视着房间，和公司各管理人员交换着眼神，"这是公司成立以来最辉煌的一年。"

这一年，保尔森与公司员工可以过一个舒心的圣诞假期了。

作为公司次贷项目负责人，佩莱格里尼自然劳苦功高，年终分红自然也最为丰厚。外出度假时，他查了下银行卡，发现卡里多了 4500 万美元。事实上，他 2007 年的奖金高达 1.75 亿美元！

进入 2008 年，由新世纪金融公司引爆的次贷危机最终形成山呼海啸般的雪崩，华尔街那些曾经不可一世的金融巨头接连出事，保尔森的老东家贝尔斯登被收购，雷曼兄弟被迫破产，美国政府被迫拿出 200 多亿美元拯救花旗银行。

正如巴菲特所言，只有在潮水退去时，才会知道谁一直在裸泳。一将功成万骨枯。在这场危机中，成千上万的美国民众失去了自己的房屋，华尔街大多数机构都遭遇重创，只有极少数人成为赢家，尤其是保尔森，一战封神。

大赚特赚的保尔森，一直非常低调。虽然终于出人头地，可看到危机中那么多人遭遇苦难，他没有心情去镁光灯下走秀。相反，他要感谢命运，也要感谢那些成就他创造这一奇迹的许多人。他知道，没有客户的信赖、同事们的努力、家人的理解与支持，他可能没有孤注一掷的勇气，亏损时恐怕很难坚守高仓位，小有盈利时可能就会退出来。

几年后，保尔森向母校哈佛大学捐赠 4 亿美元，这是哈佛建校以来最大的一笔个人捐款。

附录1 约翰·保尔森的做空策略

（1）支持决策的是逻辑清晰的量化论证

2005 年前后，美国楼市非常火爆。不少人都感觉美国楼市泡沫有点大，约翰·保尔森也有同感。但作为投资家，他不会听风就是雨。无论是市井传说中的段子，还是一般性的涨幅统计，对于打算做空楼市的对冲基金来说，这样的理由与数据远远不够。

保尔森很清楚，一项投资首先需要考虑两个因素：概率和赔率，也就是"确定性"跟"收益比"。他亟须弄清楚，美国楼市的泡沫究竟达到什么程度，需要有逻辑清晰的量化论证，而不是所谓的感觉。

揭穿美国楼市泡沫底牌的是一张简单的曲线图表：自 1975 年以来剔除通胀的美国房价指数。图表显示：1975—2000 年间，剔除通胀之后，美国房价年度增长只有 1.4%；而接下来 5 年，房价每年涨幅却高达 7%；如果房价重新回到趋势线，调整幅度最大可到 40%。

这张图成为保尔森坚决做空美国楼市的主要依据。后来，有人开玩笑说，这张图表价值 200 亿美元！这正是保尔森公司做空次贷的净利润。

（2）找到最合适的做空标的

"知道投资泡沫存在并没有多大价值，知道怎样从中获利才有价值。"

如何利用楼市泡沫获利？经过深度调研后，保尔森决定选择 CDS。所谓 CDS，就是信用违约互换，这是华尔街为市面上发行的 CDO 即"担保债务凭证"而销售的"保险"。二者之间的关系是：CDO 的风险越大，为其担保的 CDS 价值就越高。

保尔森算了一笔账，投入 1 亿美元做保证金，可以购买针对 BBB 级债券的赔付金额 12 亿美元的 CDS 产品，但并不需要立即支付 1 亿美元，而是每年交 1% 的保费 1200 万美元。那 1 亿美元的本金，可以存入银行获取 5% 的利息，即 500 万美元，这样一年只需 700 万美元，加上每年 1% 即 100 万美元基金管理费，总计 800 万美元。这样，1 亿美元一年最多损失 8%，但理论上最高可获 12 亿美元的赔付，收益最高可达 1200%。

显然，这是一桩"投入与结果不对称"的交易，里面蕴藏着暴富机会。

（3）看准后就要敢下重注

发现楼市与次贷泡沫中的巨大机会后，保尔森决定干一番大事业。他计划投入至少 10 亿美元，一边加杠杆做空各类低等级担保债务凭证，一边大举买入为这些担保债务凭证做保障的廉价 CDS。下这个决心的时候，保尔森心里想的是格罗斯的那句名言："一旦发现有巨大潜力的交易，就应该直击要害。"

"我们发现了一座宝矿，难道我们只是上前摸一把吗？"保尔森向公司同人强调，他决心为 CDS 交易再成立一到两家基金。他最终筹到了 7 亿美元，加上公司之前管理的资金，保尔森能够用来做空次贷的"弹药"已经达到十几亿美元，这样他就有能力持有高达上百亿美元的 CDS 合约。

（4）没出现重大变局就要坚持到底

2006 年秋天，做好针对次贷的大规模布局后，由于房价仍然坚挺，保尔森的基金曾经出现亏损。这时，部分客户、公司员工甚至家人，都对其过高的仓位表示担心，但他坚决不为所动。2007 年年初，持仓有了一定盈利后，他也拒绝了部分套现的建议，坚持等到市场大跌时才逐步套现。其间，丘吉尔的名言"永远不要放弃！"成为他的座右铭。

面对这场房市与次贷的世纪狂欢，能看透背后危机的也不止保尔森一人。据统计，当时有 13675 家对冲基金和数千家其他类型投资机构获得了投资 CDS 的许可，但仅仅有 100 家机构涉足了 CDS，其中大部分还是为了对冲手上的不动产，只有不到 20 人直接对赌房地产市场的崩溃。而敢于且能够下大赌注并坚持到最后的不到 10 个人，保尔森则是其中最成功的一个。

附录 2　约翰·保尔森的人生轨迹

1955 年秋天，约翰·保尔森出生于美国纽约皇后区一个中产阶级小区。他的商业启蒙教育源于他的外祖父。

1978 年，保尔森以全班第一的成绩从纽约大学商业与公共管理学院毕业，紧接着考入哈佛大学商学院，之后顶着"贝克学者"的光环从哈佛大学商学院获得 MBA 学位。

1984 年，保尔森入职贝尔斯登，在并购部门从事企业并购业务。在那里，他积极进取，4 年之后当上了公司董事总经理。

1994 年，保尔森依旧梦想着一朝暴富，成立了自己的对冲基金——保尔森对冲基金公司。公司成立之初，仅有两个人——保尔森和他的助理。

2000 年年初，证券市场开始崩溃之前，保尔森开始表现出异于常人之处，当他专注的企业并购的投资机会消失殆尽之时，他开始做空网络企业股票。在互联网股票狂跌的 2001—2002 年间，他的基金却增长了 5%。相对于其他对冲基金的惨重损失，保尔森基金公司可谓成绩斐然。

2003 年，他的基金规模达到了 6 亿美元。两年后，保尔森管理的基金总资产创纪录地达到了 40 亿美元。

2006 年 7 月，约翰·保尔森筹集了 5 亿美元，为第一只用于做空 CDO 的基金建仓。他设计了一个复杂的基金操作模式：一边做空危险的 CDO，一边收购廉价的 CDS。

2007 年 2 月，美国第二大次级抵押贷款企业新世纪金融公司预报季度亏损。美国第五大投资银行贝尔斯登公司投资次贷的两只对冲基金也相继垮掉。截至 2007 年年底，约翰·保尔森管理的两只基金一只升值

590%，另一只升值350%，基金总规模达到280亿美元。保尔森也因此一举登顶2007年度最赚钱基金经理榜。

2008年11月13日，约翰·保尔森与其他四位排名前五的对冲基金大鳄，出席了美国众议院监管和政府改革委员会召开的听证会。

2009年，保尔森以68亿美元的身价被福布斯评为最富有的400个美国人中的第33位。

2010年，约翰·保尔森新成立黄金基金，致力于黄金开采类企业股票和黄金相关的投资，其中包含了他自己2.5亿美元的投资，不仅看多，而且还持重仓——在他的前五大重仓股中，有两只就是黄金投资基金。

2015年，约翰·保尔森向哈佛大学工程与应用科学学院捐赠4亿美元，这也是哈佛大学校史上最大的一笔捐款。

第九章
雷·达里奥：
做空欧洲！3周狂赚40亿欧元

"深夜重磅！做空欧洲大赚300亿美元，桥水开始平仓了！达里奥释放什么信号？"

2020年3月26日，中国知名财经网站和讯网连夜报道："据数据分析公司爆发点报告，桥水开始平仓此前对欧洲股市的做空，减少了他们的大型欧盟空头交易70多次。"

此前，新冠肺炎疫情引发全球股市连续暴跌，美股更是一周被迫两次暂停交易，就连股神巴菲特都惊呼一生中从未见过这样极端的行情。全球股市风雨飘摇，不少机构爆仓出局，华尔街也曾流行桥水基金接近爆仓的传闻。

面对传闻，一向低调的桥水基金老板雷·达里奥也被迫站出来公开辟谣。在欧洲市场大举平仓，正是桥水基金调剂全球头寸的最新行为。业内人士认为，正是在欧洲市场的积极做空，让桥水基金挺过了2020年这场有史以来罕见的全球股市雪崩。

这次金融史上空前的极端事件，让达里奥全球宏观布局的投资理论再一次经受住了考验。

1．不爱读书，喜欢炒股

雷·达里奥来自一个意大利裔家庭，1949年出生于纽约皇后区，是家中的独子。达里奥父亲是一个有名的爵士乐手，母亲则是家庭主妇。受家庭氛围熏陶，歌词里那种对自由的向往和对世界的拷问，在他的性格深处播下了种子。后来，他创业后曾向员工反复强调，人应该"做自己想做，而非他人要求之事"。

达里奥非常热爱自己早逝的母亲，但他更钦佩父亲。

"父亲有一种乐手身上常见的随和、欢快的气质，而且我钦佩他坚强的性格。我觉得在大萧条和在第二次世界大战中的作战经历，使他形成了这种性格。"

达里奥8岁时，父亲领着全家前往马萨诸塞州。到这里后，父母将他送进了一所公立学校，但是他不爱学习，学习成绩较差。"我喜欢和伙伴们一起玩。小时候在街上踢足球，在邻居的后院里打篮球，稍大后喜欢追求女孩。"

小达里奥一直都不明白，除了能得到母亲的认可之外，上学上得好还能带来什么。

"我最显著的缺点是机械记忆能力很差。直到现在，我一直记不住没有内在逻辑的东西，如电话号码，而且我不喜欢听从别人的指示。同时，我的好奇心很强，喜欢自己把事情弄清楚，不过当时我并不像现在这样清楚地知道这一点。"

令人惊讶的是，这个小朋友似乎天生对赚钱感兴趣。

"从8岁起，我就开始送报纸，给别人家的车道铲雪，做球童，在一家本地餐馆擦桌子、洗碗碟，在附近的一家百货商店做理货员。我不记得我父母鼓励过我打这些零工，所以我不好说我是怎么做起来的。但我确实知道的是，在那么小的时候就有这些工作，并有一些可以独立支配的钱，教给了我很多宝贵的经验，这些经验是我无法通过上学和玩耍学到的。"

人生总会有几个重要节点，达里奥人生中第一个重要节点出现在1961年。那一年他12岁。

当时，为了赚点零花钱，达里奥去了附近一家高尔夫俱乐部做球童。这个俱乐部里聚满了华尔街投资人，他们张口闭口谈论的都是股票，谁也没有注意到一个普通的球童会对这些成年人都弄不清楚的投资感兴趣。天长日久，达里奥总算听出了一些门道，归纳出三条选股原则：低于 5 美元，听过这只股票，可以随时买入。

不久，达里奥就用自己赚的小费，买入人生中第一支股票——东北航空。

这也是他听说过的股票中，每股价格低于 5 美元的唯一一只。巧的是，这家本来要破产的公司被收购，他买入后股价居然翻了 3 倍。

小赚一笔的达里奥，自此对投资产生了浓厚兴趣，他开始阅读《财富》杂志以及公司报表。"当时，每期《财富》杂志上都有一张很小的可以撕下来的赠券，把赠券寄给杂志社后，你就能得到免费的《财富》世界 500 强的年度报告。我要了所有企业的报告。我现在还记得，邮递员很不情愿地把那些报告全部拖到了我家门口，然后我就仔细地阅读每一份报告。我就是以这样的方式开始打造一座投资图书馆的。"

1966 年，达里奥从高中毕业，那一年股市依然一片繁荣。

他一边赚着钱，一边享受着美好生活，和最好的朋友逃课去冲浪，做着贪玩的高中男孩通常会做的各种事情。这时，他已经建立了一只价值几千美元的股票投资组合。"当然，当时的我并不知道，那一年是股市的顶点。在那之后，我对股市的所有认识几乎都被证明是错误的。"

高中毕业后，学习成绩极其一般的达里奥，压根就没有想过报考常春藤名校，而是进入了当地的长岛大学。意外的是，大学里自由宽松，这让他对学习重新有了兴趣，成绩也随之逐渐好起来。

在大学里，达里奥喜欢上了一门比较特殊的课程——静坐。

这门课对他影响很大，让他养成了以后的工作习惯：每天早晨，在走进办公室之前，他都会静坐深思一阵。"这是一种精神练习法，能让你清除杂念，"达里奥说，"创造力来自开放的思想。"

1971 年，达里奥大学毕业后被哈佛商学院录取。曾经的差生，摇身一变成了学霸，这让周边人都大吃一惊，有种乌鸦变凤凰的惊艳。

入学前，达里奥依然继续自己的赚钱大业，先去了纽约证券交易所打工。

那时，他不仅有自己的股票投资组合，还开始交易大宗商品期货——谷物、石油、棉花等。由于股市火爆，大宗商品当时属于冷门，市场成交稀疏，没几个人感兴趣。

"我年轻时正值20世纪60年代，那时美国国内的普遍情绪是豪情万丈、鼓舞人心的，鼓励人们实现伟大和高尚的目标。后来，我再也没有遇到过这样的景象。"

对这段战后的好时光，达里奥印象深刻。那时，他的偶像是英俊潇洒的肯尼迪总统。

"我最早的记忆之一是约翰·F.肯尼迪，一个聪明、魅力超凡的人，他描绘着生动的画面，探讨如何改变世界——探索外太空、实现平等、消除贫困。肯尼迪及其思想对我的世界观的形成有很大影响。"

肯尼迪时期，美国上下确实充满了青春气息，充满了希望。这一点，不光达里奥印象深刻，后来的克林顿总统也是念念不忘。

2. 离职后隐居森林创业

达里奥在哈佛大学读研的时期，正是20世纪70年代初。

1971年10月15日，美国总统尼克松宣布美元脱离金本位体制，施行美元与黄金比价的自由浮动，布雷顿森林体系的基础完全丧失，美元开始大幅贬值。之后迎来了通货膨胀，大宗商品价格疯涨，直接引发了1973年美国的石油危机。

美联储不得不采取紧缩的货币政策来遏制通胀，结果导致股票市场崩盘，美国投资者开始迎来痛苦的十年。

读研的两年间，达里奥开始认识到股市的残酷。这个市场不只会让人发财，更会让人破产。

不过，祸福相依。

股票的崩盘，让曾经处于投资边缘地位的大宗商品期货迎来了它的黄金时机。一时间，商品期货人才供不应求。从哈佛商学院毕业的达里奥，正好赶上了这个风口，因为有商品交易的丰富经验而大受欢迎，拿到了当时哈佛商学院毕业生的最高工资。

可惜，一年还未满，达里奥上班的第一家公司就因股市整体不景气的拖累而陷入困境。不久，达里奥跳槽到了另一家证券经纪公司，还是在他最喜欢的大宗商品部门任职，给那些养牛的农场主和谷物制造商们提供风险对冲的建议。

不料，1974 年的新年前夕，这位哈佛毕业生被炒鱿鱼了，原因是他酒后与上司发生了激烈争执。

与别的卷铺盖走人的员工相比，达里奥的厉害之处在于，他虽然丢了工作，却拉走了老东家的客户。很快，他就说服了曾经的一位客户雇用他当顾问。估计这位客户资产不少，不然，达里奥不会就此不再给人打工，而开始独立创业。

1975 年，在一套两居室公寓里，达里奥成立了自己的公司——桥水投资管理公司，开始了"家庭作坊式"的交易投资风险管理业务。这一年，他 26 岁。

浪子回头金不换。

创业之后，达里奥的生活工作习惯一反往常，很快就结婚生子。他开始静下心来，专心打理公司，开拓自己的资管业务。

一开始，桥水公司只从事两种业务，一种是为机构投资者提供咨询服务，另一种是机构投资者的国内外货币和利率风险的管理业务。之后，公司改变了战略，开始向政府和像麦当劳这种大型企业销售经济咨询报告。在慢慢摸索中，达里奥与桥水公司蹒跚前行。当时，在纽约，这样的金融小公司举目皆是，桥水公司似乎也没有什么亮眼之处。

让达里奥与桥水公司引起业内关注的是两件事。

20 世纪 80 年代初，桥水公司开始发行付费的调查报告——"今日观察"。这份报告得到了很多大型公司及银行的青睐，让桥水的研发能力在成立 5 年后终于得到业内承认。到了 80 年代中期，达里奥开始将公司的业务重心从咨询服务转向机构投资者的债券和货币管理。1987 年，公司迎来了一个大客户——世界银行 50 亿美元的职工退休基金。这标志着桥水的资产管理能力得到国际顶级机构的认可。

世界银行的青睐，与其说是因为桥水公司的投资能力强，不如说是达里奥的营销意识强。毕竟，这 50 亿美元主要是进行固定权益投资，不是到股市里去博弈。

从一开始，达里奥就意识到一家基金公司要想腾飞，必须要有两只翅膀：一只翅膀是筹资能力，不然拉不来客户；一只翅膀是投资能力，不然留不住客户，二者缺一不可。因此，在对基金营销的认识上，达里奥比老前辈邓普顿要先进多了。看上去，这位意大利移民的后裔，外表白净，目光炯炯，说话冷冽，没有太多情绪。这样的人，按说不会是一个营销高手。不过，从曾与达里奥共事的员工零星透露的一些逸事看，他对营销还真的抓得很紧。

有位达里奥曾经的助理在博客上写道：

一次，某日本客户去达里奥位于佛蒙特的家中做客，两人出去打猎，日本客户猎到了一只长相奇特的大鸟，达里奥随即把大鸟做成了标本，装裱在匾上，送给客户当礼物，并让我想办法把这只大鸟寄回日本。

我只得小心翼翼带着大鸟牌匾，跑遍各大邮政快递公司，别人还以为我在开玩笑，直到走进最后一家，走投无路的我眼含泪水地告诉面露疑色的店员，这只鸟必须完好无损地运送去日本，否则我就会丢掉工作，店员终于答应我一试……

与大多数对冲基金不同，达里奥没有盯着亿万富翁们的口袋，而是将目光投向机构投资者。

达里奥的目标是：创立一个主要迎合机构投资者而非富豪个体的对冲基金。

世界银行的入驻，让达里奥增添了信心。

1989 年，柯达公司的退休基金成为桥水的客户。

后来，桥水公司管理的上千亿美元中，确实只有一小部分来自富豪，以及政府经营的主权财富基金。剩下的资金中，几乎 1/3 来自公共养老金，如宾夕法尼亚州公立学校雇员退休系统，另外 1/3 来自企业退休基金，如柯达和通用公司的退休基金。

事业有了起色后，达里奥觉得纽约太过喧嚣，不利于公司团队静下心来开展资管业务。

1990 年，达里奥一家便搬去了康涅狄格州韦斯特波特的树林里，住在一套 500 多平方米并不奢华的房子内。桥水公司也跟着入驻这片树林。

人们说，对冲基金大佬往往都极为低调隐秘，达里奥更低调，平日里更像一名"隐士"。

来到康涅狄格州后，达里奥平时着装朴素，对金钱物质毫不看重，却热衷于慈善事业。这样做似乎是刻意远离华尔街的喧嚣。也许，正因为能真正静下心来，努力把控投资风险，达里奥的投资事业才顺风顺水。

3．感悟"原则"后量化投资

20 世纪 90 年代以后，桥水基金管理的资产越来越多。

这么多机构相信桥水，愿意把资金委托给达里奥管理，这是一份沉甸甸的信任，压在他肩上，也沉淀在心中。

白手起家的达里奥，对投资始终抱着敬畏之心。创业这些年来，对每一笔投资，他总是不断问自己这样做是否正确，他的公司每天会发给投资人一份简报，每月会有业绩更新报告，每季度会有回顾。

即便如此，依然有犯错误的时候。1982 年，墨西哥债务危机就让达里奥吃了一个大亏。

当时，他认为美国经济将陷入衰退，股市将大幅下跌。结果，因为美联储的量化宽松政策，美股反而启动了一轮大牛市，美国经济也迎来了一段低通胀和高增长并存的黄金时期。因为判断失误，桥水基金遭受惨重损失。

这件事给了达里奥一个很大的教训。

"我是一个自大的混蛋！"多年以后，达里奥回想当年的失误时，仍然是用这样的强烈字眼痛骂自己。从此，他时刻告诫自己，要永远对犯错心存忌惮。

不过，能将桥水做成全球最大的对冲基金，达里奥当然有自己的一套办法。

从投资生涯一开始，他就不仅勇于独立思考，而且坚持记录投资心得，不断归纳总结出一条条"原则"。20 世纪 60 年代当球童时，从打球客户平时的三言两语交流中，达里奥就总结出 3 条选股"原则"。

20 世纪 70 年代初，美国总统尼克松宣布取消金本位，美元不再和黄金挂钩。当时，刚刚正式入行的达里奥，以为金融市场会遭受毁灭性打击，但出乎意料的是，市场不仅没有暴跌，反而暴涨了。从这个事件中，他总结出两条"原则"：第一，不要相信官方；第二，货币贬值和大量印钞票对股市来说是好事。

1982 年 8 月，墨西哥出现了债务违约，酿成债务危机。当时，美国主要银行持有很多拉美国家的债务。为了应对这个危机，美联储采取了宽松政策，结果为美国带来了之后十几年的大牛市。为此，达里奥又得出一条"原则"：危机发生之后，当局采取救助措施的影响，要远远大于危机本身的影响。这个"原则"后来在 2008 年金融危机、2020 年新冠肺炎疫情危机中都得到了印证。

后来，这些投资心得与原则，被达里奥写成一本书，这就是风靡投资界的《原则》。与市面上那些借巴菲特、索罗斯、林奇等投资大师之名编撰的炒股神书相比，这些"原则"才是真正经得起市场实战检验的一手心得。

随着资金管理规模的增大，达里奥不可能事必躬亲，招兵买马成为桥水基金日常现象，大批哈佛、耶鲁等名校的学生涌进公司。

这时候，达里奥已不能再满足于当一名一线操盘手，他必须要将自己的投资理念与感悟出来的"原则"灌输给新员工，以成型的企业文化来塑造自己的投资队伍，以提高投资效率，避免大的纰漏。

达里奥认为，千条万条，首要的一条是独立思考。

"要在市场中赚钱，你必须独立思考，并保持谦卑。人云亦云无法让你赚钱，众所周知的事情早就体现在价格上。然而无论何时，与市场共识对着干，出错的概率都是很大的，因而你必须谦卑。"

达里奥总是这样告诫公司员工，这也成为他的行事准则之一。

独立思考谈何容易，至少需要做到如下 3 点：

（1）你需要拥有和众人作对的勇气，特别是在你坚信自己正确而众人都是错误的时候；

（2）你需要获得别人不能获得的信息，至少你对于信息的见解必须与众不同；

（3）你需要拥有独特的信息分析方式。

这样的独立思考能力，当然不会从天而降，更不是一夕顿悟，而是在长期投资实践中，不断摸索，及时总结正反两方面的经验教训后，慢慢培养出来的。

达里奥认为，在独立思考能力培养过程中，难免会出错，这时候，最重要的是有一个宽松自由的环境。这已成为桥水文化中非常核心的一条。

"我所遇到的伟大之人不胜枚举，却没有一个是天生奇才。他们也犯过无数的错误，有着很多的缺点。然而，伟大之人之所以伟大，在于方法。他们往往可以从错误和缺点中审视自我，找到命运之归途。那些在真实世界里不断寻找并碰壁，尤其是遭受痛苦挫折的人，往往比其他人能更快发现心之所欲，我知道，这些便是非同一般的人。"对自己的员工，达里奥经常这样说。

这种宽松氛围，渗透到了桥水公司的基因里，日常工作中几乎随时可见。在桥水公司每周研究会议上，达里奥鼓励同事们挑战彼此的观点，然后通过讨论，尝试消除异议，以实现更好的决策。

"寻求有见地的异见是一门艺术。努力去了解他人的想法和背后的原因，对于确保自己不会犯错是有价值的。"达里奥认为。

不过，有消息说，桥水每年有将近30%的离职率，这对于一个大型的对冲基金公司来说是很不正常的。很多离职的员工都反映，由于任何事情都无法挽回，并且不能在背后谈论其他员工，桥水公司是一个很难工作下去的地方，很容易令人丧失斗志。

4. 海量投资数据吓到美联储

1987年10月，美国股市大崩盘。崩盘那天，达里奥把桥水研究部主管叫进办公室。

达里奥的办公室有点乱，随手可及之处，摆着 20 多本关于经济崩溃事件的相关书籍，包括美国 20 世纪 30 年代大萧条、拉丁美洲债务危机等。看上去这不像是一个交易员的办公室，更像是经济学教授的书房。

进门时，这位主管猜测，老板可能要研究并追踪分析导致股灾的相关经济因素，没想到接到的竟然是一个跨越世纪的历史工程。"他要我完整梳理一遍诺贝尔经济学奖得主弗里德曼的《美国货币史》，因为他想了解从 19 世纪到 20 世纪间，美国的货币紧缩及经济循环的整个过程。"

"碰到一个大的资本市场事件时，达里奥往往会采取时间跨度很长、相对宏观的立场来看待，从而避免了只关注当下数据的盲点。这是他的优点。"这位主管强调，"他会把经济循环与资本市场的关系，讲到一般人都能懂。他是一个经济学家，但也是个交易员。"

时代在变，人性依然。历史上经常会发生惊人相似的事件。因此，重视从历史当中找答案，确实是达里奥不同于一般基金经理的优点之一。

"达里奥是一个有着宏观思考与街头智慧的商人。"达里奥曾经的同事鲍勃·普林斯这样描述自己对前老板的印象。

深度了解之后，达里奥甚至还会"参与"历史。透过模拟那些历史时期的投资者，阅读当时的报纸，收集数据并进行交易，达里奥经常将自己代入历史上重要金融交易中的角色，切身体会他们当时的买卖决策与交易过程。

这样海量的信息与深入的研究，曾让美联储前主席沃克感叹："本该对全球总体经济最了如指掌的美联储，竟然在资料数据的掌握上还不及桥水。"

这样深入的研究，当然不会白做。正是透过这样的模拟分析，让达里奥提前发现了 2008 年金融危机的征兆。

曾有记者在 2017 年年末这样描述达里奥当时的发现，以及他试图力挽狂澜的举动：

"一开始，债务问题引发经济大萧条，然后政府开始印钞票，市场一片繁荣的景象。撑了 8 年之后，1937 年，世界经济忽然又陷入另一次的大萧条……"以极度理性的口吻，达里奥把全球景气的当前处境，对比 1929—1937 年的陈旧历史。

当时，达里奥留意到美国金融机构不断增加的借贷及杠杆，在将其与德国魏玛时期以来的信贷危机做比对后，他发现当时金融体系的"偿债能力"岌岌可危。

于是，2007 年年底，他向美国财政部建言，却没能引起重视。随后他又拜访了白宫，但当时多数人都将讨论聚焦在金融机构流动性的问题上，达里奥的建议因此显得格外突兀。

最终，金融危机爆发，桥水也因为提早预见到危机，2008 年在大盘跌近四成的情况下，通过大量买入国债、黄金及放空美元，而享有近 9% 的正报酬率。

海水退潮之后，才知道谁在裸泳。

2008 年金融海啸过后，大家这才惊觉，原来这场危机以来所发生的各种情节，与 80 年前竟然有着不可思议的相似之处，简直像是一场经典话剧在重新上演。这时候，从白宫到华尔街，人们才真正意识到桥水基金对全球经济与金融发展的研究有多深。

深不可测。

了解了桥水基金日常研究情况后，不少基金经理只能望洋兴叹。这样的研究深度，让那些读过桥水报告的分析师"极度震撼却也极度烧脑"。

"只是基于表面做决定，却忽视背后深层次原因的人，通常很难实现他们的目标。"达里奥这么解释他热衷"史诗级研究"的动机。这是他几十年投资生涯中，历经无数次成功和失败后得出的一个结论。

投资是一个成王败寇的领域，只有赢家与输家，没有所谓的专家。

光说不练没人理你，会说不会练也很难获得真正的尊重。只有那些理论上有一套，实战成绩也一流的投资家，才是众望所归的大师。

达里奥能成为华尔街追捧的大牛，当然不只是因为写了一本《原则》，更因为其在实战中卓越的投资业绩。

以往的投资大师，流传的多是投资名言，留下来的也多是投资理念。这样的传统投资智慧，往往只可意会不可言传，在实战中可操作性不强。就像传统的武术功夫，不适合现代化大兵团作战。与这些大师不同，达里奥追求的是有海量数据支持的能够量化的投资策略，这样才可以切实控制风险，对天量资产进行有效配置。

"这就是一种控制风险的事情，如果你了解并控制住它们，也就不存在什么风险了。如果你不加思考地去做，草草了事，那就会非常危险。"在一次演讲中，达里奥这样描述他对投资本质的理解。他认为，关键就是"弄明白哪里是刀刃，如何与刀刃保持恰当的距离"。

保持恰当的距离？听起来很简单，实战中却非常难把握。

这里，当然要遵循之前达里奥千辛万苦归纳总结的那些原则，但光有原则不够，还需要量化为具有可操作性的程序与资产配置方案。

达里奥的不凡之处，就在于他很早就发现，可以把这些"原则"量化，编写成电脑语言，代入数据进行处理，提高投资决策的效率。

在这些探索的基础上，桥水基金招纳的哈佛、耶鲁、普林斯顿的精英们，研发出著名的"Alpha 和 Beta 分离"、"全天候交易"与"D 过程"（D-Process）投资策略。

以"全天候交易"策略为例，有人总结出一个全天候策略的简化版，那就是：投资者应该将资产的 30% 配置到股市中，55% 配置到中长期国债中，将剩余的 15% 资产对半配置到黄金和大宗商品中，以对冲高通胀和"股债双杀"的风险。

自 1994 年推出，全天候策略取得了不错的成就，尤其是经受住了 2008 年金融危机的考验。当时，市场所有的投资组合下降了 40%，按照全天候策略进行投资的资产只降低了 10 个点。据说，到了 2011 年，至少有 50% 的基金公司接受了全天候策略的投资理念。

因此，业内人士认为，善于把感性的经验变成绝对理性的原则，把投资失误、投资感悟、投资策略用系统化的语言表达，将历史数据生成大数据样本进行量化处理，成了桥水基金能够笑傲江湖的关键所在。

5. 做空欧洲，狂赚 40 亿欧元

进入信息时代后，地球成了地球村，人类的一切活动似乎都更快了。遗憾的是，金融危机似乎也越来越多，间隔时间越来越短。

1987 年，垃圾债引发股市崩盘；2000 年，互联网泡沫让全球股市遭遇重创；2008 年，次贷危机差点冲垮全球金融体系；2020 年，新冠肺炎疫情引发股灾，让美股一周出现 3 次熔断，两个月抹去欧洲多个国家股市过去 10 年的涨幅。

这样高频次的危机，成就了少数空头大师，也让不少对冲基金倒闭。

一次次金融海啸，达里奥与他的桥水基金都挺过来了！据罗斯柴尔德咨询公司数据显示，截至 2017 年，十大顶级对冲基金公司为客户赚取收入的排行榜中，桥水总共为客户赚到 497 亿美元，位居各大基金之首。

大有大的好处，大也有大的难处。俗话说，船大难掉头。成为全球最大的基金航母后，要想保持稳定的收益，对桥水的投资组合与风控提

出了越来越高的要求。这时候，全球布局已是桥水的常规性操作，难度在于，在哪里买，又在哪里卖，做多什么，又做空什么。这真的是一盘大棋，以地球为棋盘，以全球投资者为对手。上千亿美元的盘子，一个动作可能就几十亿美元出去了，这时候，适合达里奥挥洒自如的市场还真的不多。体量太大，所到之处必须有足够的深度，小池塘已经养不起这样的大鳄。

2008年，依靠史诗级的研究，达里奥提前发现了次贷危机的征兆。

2020年这次危机，虽然没想到会以新冠疫情危机的形式引爆，但达里奥也早有警觉。为了对冲危机，早在2017年下半年时他就开始做空欧洲。

2017年10月，政治危机频发的意大利就被达里奥盯上了。当时，桥水基金斥资近8亿美元做空意大利金融股，主要分散在5家银行和1家保险公司，随后做空头寸增加至11亿美元。

雁过留声。

桥水做空欧洲不久，其做空仓位就被监管机构发现，随后这些数据就传遍市场。

2018年2月12日披露的欧盟监管文件显示，桥水做空欧盟国家公司的总量已接近150亿美元，后来增加到200亿美元以上。这一次，达里奥的主要目标除了意大利，还增加了一个德国。2018年2月14日，西方的情人节，中国的观察者网综合海外媒体报道，详细披露了桥水基金当时的做空仓位布局。

2月6日，桥水做空了德国DAX指数中的13个成分股，总价值约50亿欧元（约合62亿美元）；到了2月9日，桥水在德国DAX上的净空头总头寸就从50亿欧元升至70亿—80亿欧元。

桥水做空的德国企业包括软件巨头SAP、西门子、梅赛德斯奔驰汽车的母公司戴姆勒、电信巨头德国电信、德国化学巨头巴斯夫、德国医药巨头拜耳；金融股方面，被桥水做空的个股包括保险巨头安联保险、慕尼黑保险和德国老牌银行德意志银行。

而即将在 3 月迎来全国大选的意大利，则一直是桥水今年最大的看空目标。

桥水建立了针对意大利第二大银行圣保罗银行、意大利国家电力公司和埃尼石油公司等 18 家意大利公司的空头仓位。过去 3 个月内，对意大利的空头仓位增至 30 亿美元。

此外，桥水还在做空欧洲的能源、制造和建筑公司。过去一周，桥水基金投入了超过 10 亿美元做空石油巨头道达尔；其做空空客公司的仓位约 3.81 亿美元。在银行业，除了上述提到的德意志银行和意大利圣保罗银行外，法国巴黎银行、荷兰国际集团和桑坦德银行均遭桥水做空。

截至 2 月 9 日，桥水针对日用消费品巨头联合利华的空头头寸攀升至 1269 万股，相当于该股流通股的 0.74%，价值 6.82 亿美元。

截至 2 月 9 日，桥水针对欧洲最大体育用品制造商阿迪达斯的空头头寸达 3.84 亿美元，代表约 176 万股。

除了联合利华，西门子也是桥水前十大做空目标之一。路透社称，桥水的西门子空仓相当于该股流通股的 0.9%。而彭博社则称，桥水的西门子空仓为 10 亿美元，是截至 2 月 8 日桥水空仓价值最高的做空目标。

桥水这一波做空欧洲，主要是因为欧洲主要国家先后进入选举季。不论是意大利，还是德国，政坛风波不断。达里奥认为，这些国家进入多事之秋，经济将出现衰退，股市自然也不看好。

事实也正是如此。执政多年的德国总理默克尔，在大选中差点出局。2018 年 2 月 7 日，经过通宵谈判，德国组阁协议终于达成。虽然结束了长达 4 个月的政治僵局，但德国总理默克尔的这波操作却堪称"惨胜"：

向社民党交出了财政部部长、外交部部长、劳工部部长等要职。

意大利政坛三支力量争得死去活来，似乎谁也没有最后的胜算。有媒体当时甚至将意大利称为欧洲最大的"火药桶"。理由是，虽然意大利是欧元区成员国中的第三大经济体，但是经济复苏的速度在欧元区成员国中垫底，国家竞争力不足，公共部门负债累累，银行实力疲软，成为欧盟最薄弱的环节。

从德国、意大利股市的主要指数走势看，2018年全年都在震荡下行。对于达里奥这样的大空头来说，这当然是一个好消息。

两年后，2020年3月，趁着新冠肺炎疫情带来的恐慌性抛售，达里奥再次大举做空欧洲。这一次，做空数据分析网站爆发点披露了桥水这波做空的操作细节：

3月6日，桥水基金开始做空部分欧洲公司。

3月14日，桥水基金做空了43家欧洲公司，做空金额合计达140亿欧元。

3月17日，开始平仓空头头寸，此后的每一个工作日削减这些公司的空头头寸。

3月24日，桥水持有的这43家公司的空头头寸全部下降至0.5%以下，降至披露基准线之下。

这一战可谓快、准、狠。

有分析称，桥水在欧洲43家金融机构分立100个空头头寸，盈利率达到30%—40%之间。也就是说，桥水不到一个月赚了大约40亿欧元。

对此，桥水的发言人表示："尽管我们不会就具体头寸发表评论，但桥水在全球150多个市场进行交易，因此桥水有许多相互关联的头寸，通常用来对冲其他头寸，而且这些情况经常发生变化。因此，在任何时间查看任何一个位置来尝试确定总体策略都是不正确的。"

3月下旬，美股暴跌，市场一度盛传桥水基金爆仓。

一向低调的达里奥，被迫亲自出来辟谣。据说，在欧洲市场做空的收益，对于桥水挺过这次全球股市空前的崩盘帮助甚大。

不过，桥水在这次股灾前后的操作，很多人看不明白。

人们的疑问是：达里奥早就预言这两年会出现危机，为何大肆做空欧洲股票，却在美股上有那么重的多头仓位？

有消息说，这其中可能有不得已的苦衷。

自从特朗普上任以后，这位总统就强烈看多美股，并出台很多相关利好政策。一时间，做多成为一种政治正确。

分析人士认为，作为根在美国的对冲基金，达里奥不可能在美国股市大肆做空。这种窘境，可能是任何金融大鳄都会面临的两难选择。

4月中旬，全球投资者都非常焦虑，达里奥应邀在线上 TED 与主持人科里·哈吉姆就这波股灾进行了一场对话。在对话中，他认为，全球股市确实迎来了一个决定性的时刻。

"我们现在的情况和当时相似吗？是的！ 1933年时政府是怎么处理的？政府印了很多钱，推出了与我们现在使用的相同类型的程序。是的，同样的。利率达到了零，同样的事情，同样的过程。然后是货币从那个点开始导致扩张。股市要多久才能超过最高点？经济需要多长时间才能超过以往的高点？很长时间！"

"我认为这就是我们现在的处境。我们在历史上多次看到这种情况，这次危机也不例外。所以，是的，这不是经济衰退，这是一种崩溃、抛锚。"

"现在的状况比那时（2008年）更复杂，因为除了银行，还有那些银行之外的行业（在这场危机之中），那些分布在各个地方的小企业。

这是一场更大的危机，我们的货币政策也没有那么有效，因为利率下降已经达到了极限。"

"投资者必须明白他们可能无法玩好这个游戏。他们可能无法正确地择时买入或者卖出。要在市场上获得成功比在奥运会上获得金牌更困难。"

"我的建议是，多样化和分散投资，对市场抱有敬畏，不要去做择时投资，同时要意识到现金的危险！"

"我相信这是一个决定性的时刻，但我们会顺利度过。我们将以重要的方式进行重塑。"（新浪财经，2020.4.18）

附录1 雷·达里奥的做空策略

（1）独立思考是起点

达里奥认为，千条万条，做投资首要的一条是独立思考。

"要在市场中赚钱，你必须独立思考，并保持谦卑。人云亦云无法让你赚钱，众所周知的事情早就体现在价格上。无论何时，与市场共识对着干，出错的概率都是很大的，因而你必须谦卑。"

独立思考谈何容易，至少需要做到如下3点：（1）你需要拥有和众人作对的勇气，特别是在你坚信自己正确而众人都是错误的时候；（2）你需要获得别人不能获得的信息，至少你对于信息的见解必须与众不同；（3）你需要拥有独特的信息分析方式。

（2）经常模拟历史事件

时代在变，人性依然。历史上经常会发生惊人相似的事件。因此，重视从历史当中找答案，确实是达里奥不同于一般基金经理的一个优点。"碰到一个大的资本市场事件时，达里奥往往会采取时间跨度很长、相对宏观的立场来看待，从而避免了只关注当下数据的盲点。这是他的优点。"

深度了解之后，达里奥甚至还会"参与"历史。透过模拟那些历史时期的投资者，阅读当时的报纸，收集数据并进行交易，达里奥经常将自己代入历史上重要金融交易中的角色，切身体会他们当时的买卖决策与交易过程。"达里奥是一个有着宏观思考与街头智慧的商人。"达里奥曾经的同事鲍勃·普林斯这样描述自己对前老板的印象。

这样海量的信息与深入的研究，曾让美联储前主席沃克感叹："本该对全球总体经济最了如指掌的美联储，竟然在资料数据的掌握上还不及桥水。"这样深入的研究，当然不会白做。正是透过这样的模拟分析，让达里奥提前发现了2008年金融危机的征兆。

（3）建立量化模型

以往的投资大师，流传的多是投资名言，留下来的也多是投资理念。这样的传统投资智慧，往往只可意会不可言传，在实战中可操作性不强。就像传统的武术功夫，不适合现代化大兵团作战。与这些大师不同，达里奥追求的是有海量数据支撑的能够量化的投资策略，这样才可以切实控制风险，对天量资产进行有效配置。

多年的投资实践，让达里奥归纳总结出不少原则，但光有原则不够，还需要量化为具有可操作性的程序与资产配置方案。达里奥的不凡之处，就在于他很早就发现，可以把这些"原则"量化，编写成电脑语言，代入数据进行处理，提高投资决策的效率。

在这些探索基础上，桥水基金招纳的哈佛、耶鲁、普林斯顿的精英们，研发出著名的"Alpha 和 Beta 分离"、"全天候交易"和"D 过程"（D-Process）投资策略。

（4）精心选择做空时机

2017 年年底，桥水基金开始布局做空欧洲股市。这一波做空欧洲，主要是因为欧洲主要国家先后进入选举季。不论是意大利，还是德国，政坛风波不断。达里奥认为，这些国家进入多事之秋，经济将出现衰退，股市自然也不看好。

事实也正是如此。执政多年的德国总理默克尔，在大选中差点出局。2018 年 2 月 7 日，经过通宵谈判，德国组阁协议终于达成。虽然结束了长达 4 个月的政治僵局，但德国总理默克尔的这波操作却堪称"惨胜"：向社民党交出了财政部部长、外交部部长、劳工部部长等要职。

意大利政坛三支力量争得死去活来，似乎谁也没有最后的胜算。有媒体当时甚至将意大利称为欧洲最大的"火药桶"。理由是，虽然意大利是欧元区成员国中的第三大经济体，但是经济复苏的速度在欧元区成员国中垫底，国家竞争力不足，公共部门负债累累，银行实力疲软，成为欧盟最薄弱的环节。

从德国、意大利股市的主要指数走势看，2018年全年都在震荡下行。对于达里奥这样的大空头来说，这当然是一个好消息。

两年后，2020年3月，趁着新冠肺炎疫情带来的恐慌性抛售，达里奥再次大举做空欧洲，不到一个月赚了大约40亿欧元。

附录2　雷·达里奥的人生轨迹

1949年，雷·达里奥出生于美国纽约皇后区的意大利裔家庭，父亲是名爵士乐手，母亲是家庭主妇，他为家中独子。

8岁，他进入了当地一所公立学校，不爱学习，成绩不佳。闲暇里，开始为自己打工挣钱——送报、割草、铲雪、洗碗。

12岁开始，他在一家高尔夫球俱乐部当球童，俱乐部里不少人是华尔街投资者。在这里，他受到股票投资启蒙，投资了人生第1只股票——东北航空。18岁高中毕业后，他进入了当地的长岛大学。大学里自由宽松的环境重燃起了他对学习的兴趣，成绩开始拔尖。当时的他，已建立起了一只价值几千美元的股票投资组合。

1968年，披头士乐队去印度修习冥想，引发了他对超验冥想的兴趣，而在大学里的静坐课，也对他产生了重要影响。以后的40多年里，他坚持用冥想来净化心绪。

1971年，达里奥大学毕业后，因成绩优异被哈佛商学院录取。那时的他已开始交易大宗商品期货——谷物、石油、棉花等。商学院第一学年结束后，他成功说服了美林大宗商品部的董事给了他助理的实习工作。

1972年，大宗商品价格疯涨，直接引发了1973年美国的石油危机。美联储紧缩货币遏制通胀。结果，股票市场大衰退，商品期货则迎来了它的黄金时机。

从哈佛商学院毕业后，达里奥加入了一家投资公司并当上了公司大宗商品部的主管，可惜，未过一年，因股市的不景气拖累整个公司陷入了困境。

1973 年，他跳槽加入了另一家证券经纪公司，还是在他最喜欢的大宗商品期货部门任职，给养牛的农场主和谷物制造商们提供风险对冲的建议。

1975 年，达里奥说服了曾经的一位客户雇用他当顾问，在他的公寓里成立了桥水基金公司。那年，他才 26 岁。

1987 年，他说服了世界银行退休基金将一部分资产交由桥水管理。

1989 年，柯达退休基金也成为桥水的客户。之后的 20 多年里，桥水吸引了来自世界各地的退休养老基金和政府主权财富基金，管理资产额超过 1000 多亿美元。

2007 年，达里奥就已预测到了美国后来的次贷危机。

2018 年开始，持续做空欧洲股市。

2019 年 3 月，雷·达里奥以 184 亿美元财富排名 2019 年福布斯全球亿万富豪榜第 57 位。

2020 年 2—3 月，受新冠肺炎疫情影响，美股崩盘。因持有的美股仓位较重，桥水基金一度传出爆仓传闻。

2020 年 4 月 7 日，雷·达里奥以 180 亿美元财富位列 2020 年福布斯全球亿万富豪榜第 46 位。

第十章
卡森·布洛克：
做空中概股！猎杀"瑞幸咖啡"

北京时间 2020 年 4 月 2 日晚，这一夜，太平洋两岸注定有很多人彻夜难眠。

当晚，美股明星公司瑞幸咖啡盘前自曝头一年业绩造假 22 亿元人民币。一瞬间，这一消息就传遍全球。"瑞幸咖啡真的爆雷啦！纳斯达克头号财富杀手来了！"很多人在美股开盘前断言。

开盘后，瑞幸咖啡股价果然高台跳水，盘中抛盘汹涌，股价 6 次熔断，最大跌幅超过 80%，市值一夜之间蒸发 350 亿元人民币，持有者财富急剧缩水。

这种财富瞬间蒸发的惨烈，让目睹者无不惊心动魄。

事实上，如此惨烈的一幕，2017 年 3 月 23 日也曾在中国香港股市上演。当日，中概股辉山乳业同样因为被曝业绩造假而股价大跌，30 分钟内 300 多亿港元市值灰飞烟灭。"最惨烈的'断头铡'出现了！100 万港元进去，不到 24 小时变成 15 万港元。"有媒体这样惊呼。

如今，辉山乳业早已退市，瑞幸咖啡也被勒令摘牌。太平洋两岸上市的这两家中概股，落得同样凄惨的下场。

有心人注意到，这两大悲剧背后有一个共同的导演，那就是美国做空机构浑水公司。

这家公司的老板卡森·布洛克，被称为"中概股杀手"。近 10 年来，他做空多家中国的上市公司——东方纸业、绿诺国际、分众传媒、嘉汉林业、辉山乳业、新东方、爱奇艺、跟谁学、瑞幸咖啡……其中，多家公司已被迫退市。

1．美国小伙上海滩创业失败

卡森·布洛克现在的名气很大，特别是在中概股领域，那几乎是尽人皆知。

不过，他旗下的浑水资本规模却不大，只有1.5亿美元；研究团队，连他在内也才6个人。刚创业时，布洛克更是单打独斗，浑水公司的老板与员工就他自己一个人。

与华尔街那些对冲基金大佬相比，现年40岁出头的布洛克，算是地地道道的小字辈。

俗话说，英雄不问出处。正像《经济学人》杂志所形容的，"他并不是那种耀眼到可以做财政部部长的角色，也不像华尔街拥有数十亿资产的基金经理，看上去并不出众的布洛克，却深谙中国市场之道。

布洛克出生于美国新泽西州，浑水公司的大本营扎在华尔街，但布洛克的事业却起步于中国，创业时主要活动在上海，就连其公司的名字也来自中国成语"浑水摸鱼"。

在汉语里，"浑水"一语双关，既指水很浑浊，又指在浑浊的水中更容易摸到鱼。据布洛克自己讲，"浑水"这个名字产生于和一位上海朋友的聊天当中。

"我的朋友说，当他还是孩子的时候，有次去乡村钓鱼，始终没办法从池塘里把鱼钓起来，于是他开始搅动池塘底部的淤泥，鱼儿不得不浮到水面上。就这样，浑水帮助了他。"

先把水搅浑，再摸鱼。

布洛克的创业经历也正是如此，自2010年创立起，浑水做的一直就是对有问题的上市公司先调研后做空的生意。

走上做空专业户的人生道路，对于布洛克来说，绝非偶然。

虽然出生地只是一个人口仅有两万多的美国东部小镇，但因为经常在父亲所开的一家小型证券研究公司帮忙，布洛克与股票市场很早就结缘了。在发给媒体的邮件中，布洛克提到他 13 岁就跟随父亲到华尔街参加上市公司会议。

"在人头攒动的纽约曼哈顿，父亲塞给我一本黄色的记录本，一支绿色的圆珠笔，一份公司年报，三份公司季报，要求我用笔计算和绘画，制作一份盈利预测表格。"

很多年过去了，布洛克还清楚地记得，父亲提示他从收入开始，因为销售增长的情况很重要，并鼓励他自己计算利润，而不是用计算器。这是布洛克从事证券分析的真正起点。

15 岁这年，一次改变命运的契机来到布洛克面前。

那年夏天，布洛克参与了一个交换生的项目，并到日本度过了暑假。繁荣而美丽的东亚，让他大开眼界，打开了一扇崭新的人生大门。

游学归来后，布洛克考进南加利福尼亚大学，一边学习商业金融，一边辅修汉语。其间，他曾花了一个月时间待在北京，那时可能就有了来中国发展的念头。

1998 年从南加利福尼亚大学毕业后，布洛克一边在父亲公司兼职做分析师，一边到上海寻找创业机会，后来又返回美国，在芝加哥肯特法学院拿到了法律博士的学位。

十余年间，在东西方来回奔走，让这个美国小伙子很难安心于一份单调的工作，因此，博士毕业后的第一份工作，布洛克只干了一年。辞职后，他不远万里来到中国。在富有冒险传统的上海，这个美国小伙子希望能创造一份属于自己的传奇。

初到上海，布洛克真的是精力过剩，似乎什么都想干。

一开始，布洛克在一家律师事务所做律师，业余帮一些对冲基金或他的父亲做调研，还开办了一家自助仓储公司。一边上班，一边兼职，一边创业，他甚至还与别人合写了一本有关中国经商环境的书。在书中，布洛克声称，就是傻瓜也能在中国赚钱。

不过，布洛克的生意经似乎是纸上谈兵。

布洛克开的仓储公司，不仅没有让他在上海淘到第一桶金，甚至还在外面欠了不少钱。到 2009 年年底，这家仓储公司已经债务缠身。

焦头烂额之际，布洛克终于明白，在中国赚钱并不容易，也不是像他之前以为的是个傻瓜也能在中国赚钱。事实证明，像他这样的洋博士一样会亏得一塌糊涂。

天无绝人之路。事业不顺，前景黯淡，正当布洛克对自己在中国的发展前景有点灰心的时候，父亲的一个上市公司调研通知，让他再一次抓到了改变命运的契机。

2．空荡荡的马路暴露满纸谎言

父亲让布洛克去调研的这家公司，就是位于河北省保定市的东方纸业。

作为河北省最大的纸制品生产商之一，东方纸业于 2007 年 11 月在美国场外柜台交易系统（Over the Counter Bulletin Board，简称 OTCBB）上市，2009 年 12 月 17 日转板纽约股票交易所。

2010 年年初，操着美国味儿普通话的 33 岁分析师布洛克，从黄浦江畔来到古城保定，见到了东方纸业的 CEO。简单应酬后，他开始对造纸厂生产车间实地探访。

去保定之前，布洛克曾仔细阅读过东方纸业的招股书。根据招股书，按东方纸业声称的产量和销售量，布洛克计算，工厂门前肯定是车水马龙。到了现场后，他发现根本不是那么回事。

"当面包车驶近工厂时，另一样东西引起了我们的注意——人行道，这条路不能与东方纸业声称的产量匹配。"布洛克后来说，"我们估计，他们每天必须以最大运力运送 100 辆卡车。而这条路显然没有想象中的磨损。"

去工厂那天，恰好是雪后初晴，受大雪影响被封的道路重新开放，理论上，厂区门前车应该更多。布洛克在大门周边转悠了差不多一个半小时，发现只有一辆空卡车转来转去。"很明显，那辆卡车是用来作秀的……"在后来的做空报告里，布洛克特意强调了自己当时的感受。

进入厂区后，布洛克参观了东方纸业的生产线。扑面而来的，不是紧张忙碌的生产劳动场面，而是四处飘散的水蒸气。车间里，几乎看不到几个工人，根本没有他原来想象中热火朝天的样子。

在一条生产线起点，布洛克发现设备上连皮带都没安，好多设备都是很久没有动过的样子；有一台设备上贴着"求实进取"的标语，这样的口号在 20 世纪 90 年代后期就很少见了。

两条生产线刚参观完，布洛克就被厂方拉去吃了一顿两个小时的午餐，这让他没有看到剩下的 8 条生产线。事实上，他怀疑这 8 条生产线可能根本不存在。

吃完午饭后，布洛克从网上找到东方纸业几家竞争对手晨鸣纸业、太阳纸业、玖龙纸业和华泰纸业的车间照片，和自己在车间现场看到的情形做了对比。

不比不知道，一比吓一跳。其他厂家的生产线要比东方纸业的强得多，与对手相比，东方纸业充其量只能算一个作坊。特别是其他几家公司车间里的热火朝天与东方纸业的冷冷清清，反差真的是过于强烈。

仔细对比后，布洛克发现，东方纸业的生产机器及原料都无法达到其所披露的数据标准；再比较东方纸业和竞争对手的销售价格和毛利率，东方纸业的毛利率水平处于一个不可能达到的高度，盈利水平与行业现状严重背离。

这一切都让布洛克非常震惊，他断定东方纸业存在严重的数据造假。

据他估算，东方纸业至少将 2008 年的营收夸大了 27 倍，将 2009 年的营收夸大了 40 倍，公司市值至少被高估了 10 倍。

此外，布洛克发现，东方纸业招股书中对募资去向的说明也在说谎。

招股书显示，东方纸业在募集 2690 万美元后，花 2780 万美元购买了一条年产 36 万吨的瓦楞纸生产线，卖家为沁阳市第一造纸机械有限公司。为此，布洛克直接联系这家公司，结果发现其最大产能的生产线，每年产量只有 15 万吨，且成本仅为 440 万美元。

为了确证这类设备的制造成本，布洛克又采访了另外 4 家瓦楞纸生产线制造商，发现没有一家拥有年产 36 万吨的生产线，且类似生产线售价都不超过 730 万美元。

这样的调研结果，是布洛克出发前根本想不到的。他断定，东方纸业这家纽交所上市公司，简直就是一个忽悠投资人的骗子公司。

返程到机场的路上，布洛克给父亲打了电话，告诉了他的分析判断，说这家公司毫无价值，应该做空。但是老布洛克这个卖方分析师的回答是："不感兴趣，从没做空过股票，也不知道怎样做空。"

父亲的态度让布洛克很不甘心，于是，他跟周边朋友聊起发布报告、同时做空的生意模式，但是几乎没有什么人表现出兴趣，仅有的几个感兴趣的人也是满腹狐疑。

别人不支持，布洛克决定自己尝试一把。

在东方纸业年报公布前，布洛克从本就紧张的资金中拿出 2000 美元做空这家他眼中的烂公司。2010 年 4 月，东方纸业年报发布。

出乎布洛克意料的是，东方纸业股价没有像他想象的那样大幅下跌，相反，还有所上涨。这一下，布洛克急了。此前，债务缠身的他，花费了 1000 多美元费用去调查；眼下，2000 美元的做空头寸也已亏了 600 美元。

无论在精神上还是财务上，布洛克都强烈地感受到来自东方纸业的嘲讽。

反复掂量后，布洛克决定放手一搏。他将调研期间的所见所闻，结合自己的分析判断，制作成一份超过 30 页的详细报告，并追加了 2000 美元做空头寸。

2010 年 6 月 28 日，这份强烈建议卖空东方纸业的研究报告，被布洛克通过电子邮件发送给 25 个人。这些人中，有他法学院的同学，也有华尔街的一些联系人。这些华尔街联系人，多数都是老布洛克工作上的合作伙伴。

布洛克的第一份做空报告，就这样流传到华尔街金融圈。这一回，终于没让布洛克失望。在不到一天半的交易时间里，东方纸业股价下跌超过了 55%。

与此同时，报告也引起了美国证监会的关注，开始长达 3 年的非正式调查（调查期间，东方纸业股价下跌超过 80%，虽然调查无果而终，但这家企业的股价从此一蹶不振。2018 年 8 月 1 日，东方纸业正式更名为"互联网科技包装股份有限公司"，目前股价已跌破 1 美元面值）。

布洛克坦承，自己当时十分震惊，竟然真的有人在乎自己的做空报告。而提前买入的 4000 美元看跌期权，也让他赚了差不多 6000 美元。

这次成功的尝试，让布洛克发现了一个可行的盈利模式：发现问题公司—实地调研—提前做空—发布报告—股价下跌—平仓获利。尝到甜头的他，坚定了继续做下去的信心。

这年 7 月，一家名字取自中国成语"浑水摸鱼"的调研公司在纽约诞生。从此，靠卖空赚钱成为布洛克未来10年也可能是终身的事业。

3. 做空嘉汉林业，让空神落荒而逃

做空东方纸业不久，布洛克发现，他在上海已经待不下去了。

那个夏天，一些建筑工人出现在了布洛克上海的办公室里，这些人显然是来寻衅的。因此，他带着妻子、两只猫、一只狗，匆忙地搬回了美国。

做空东方纸业一战成名后，布洛克又陆续发布绿诺科技、中国高速频道、多元环球水务等公司的做空报告。因为浑水公司的质疑，这些公司股价大跌，甚至退市或摘牌。不过，这些公司都是小不点儿，影响不大。要想在华尔街站住脚，布洛克需要找到一个有问题的大块头。

机会很快来了。

这一次他捞到了一条真正的大鱼——嘉汉林业。

这家公司的规模超过了前几家公司的市值总和，更重要的是，其多头持有者中有一个名声显赫的华尔街大鳄——保尔森对冲基金，保尔森本人曾因做空次贷而被称为"空神"。

嘉汉林业的老板陈德源，是一个出生于中国香港的大忽悠。

1984年，陈德源下海创业。10年倏忽而过，他也没赚到什么钱，甚至一度债务缠身。直到1994年1月，他以嘉汉林业的名义与雷州市林务局合资成立雷州桉树资源发展有限公司，才迎来发财机会。

当时，这家合资公司注册资本为1000万美元，雷州市林务局承诺以3533公顷林权资产出资，嘉汉林业承诺以现金注资530万美元。然而，嘉汉林业实际只缴纳了50万美元，还是陈德源向朋友借的，导致公司自设立以来一直没能运营。

1995年，陈德源将这个种植桉树的项目，以嘉汉林业的名头在加拿

大二板市场买壳上市，随后转战主板，并成功地游说美国和加拿大的机构投资者，发新股集资 500 万美元。

这是一家彻头彻尾的皮包公司。

东方纸业好歹还有一个作坊、两条生产线，嘉汉林业则是从策划创意开始就是一个骗局，除了谎言什么都没有。

在知乎网"做空研究中心"的专栏中，作者引用了陈德源在一次路演中的讲话，陈德源这样讲道：

林业有什么好处呢？我跟你讲几个。

第一，林，你不砍它，每年都长。我是种速生丰产林，桉树和杨树。每一年增长大概是 12% 到 13%。而且这个资产不贬值。厂房会贬值、机器会贬值，房地产价值往上也有，往下也有，但是林这个东西只会往上爬。

第二，树砍下来就是木头，就是原料，不可能没有原料，一定有货可以卖。

第三，最关键就是没有订单就不砍树，没有人来跟我买，就不砍树。不砍树，这个资产就增加了。要有人向我买了，我就砍树，一砍树变成木头，我就可以卖了，就没有积压存货这个问题了。

这三个东西加起来，这些老外就认为这是好东西，现金流也好，销售也好，资产价值增值都是好东西。

他们看到中国市场木头需求这么大，缺口这么大，中国又正在发展，越来越厉害了，木头需求越来越大，中国现在用木的人均量跟美国比较，是美国的 1/20，中国在发展，对木头的需求也越来越大了，所以这个市场一定在。

我这个林是 5 年一个周期，不是什么 100 年的东西。开头的 5 年是辛苦一点，要投资，但是我就每一年种一点，那么到了第 6 年我开始砍第 1 年种的，第 7 年砍第 2 年种的，但是我今年砍完了，明年再种，它是可持续的，每一年我都有木头卖，我不卖的时候呢，这个树在长，所以我的资产很漂亮。

多么朴实的演讲呀！

听上去头头是道，商业逻辑堪称完美，真是太洗脑了。就这样，陈德源忽悠了欧美一大批知名投资机构，世界银行、荷兰银行、德国银行等就在 2003 年为其贷款 5000 万美元。

截至 2009 年 12 月 31 日，贝利（北京）咨询有限公司发布的嘉汉林业资产评估报告显示，嘉汉林业拥有经营权的林地面积达 49.1 万公顷，总蓄积 6200 万立方米，按 11.5% 的贴现率计算，估值为 22.975 亿美元，为中国最大的森林经营企业。

这个看上去很亮眼的财报，忽悠了很多人，没想到保尔森这样的大鳄也上了钩。

事实上，保尔森从 2007 年就看上了嘉汉林业。当时，彭博新闻报道，亚太企业投资管理有限公司和麦格理银行正考虑收购嘉汉林业。但正式建仓前，保尔森团队还是对嘉汉林业进行了严格审核。

除了查看公司的公开文件，与公司领导层会面，他们还派专人到中国参观公司运作，会见中国地方林业部门代表及主要客户等。

账上审核、实地考察，按说，这样的前期调查可谓尽职。但不知什么原因，保尔森团队还是没能识破陈德源的骗局。

虽然麦格理最终没有收购嘉汉林业，但保尔森还是在其股价回落后开始建仓。建仓的理由是，保尔森判断嘉汉林业可能再次成为收购对象或是有望双重上市。他认为，这家公司的商业模式正在转型，作为一家正处于潜在通胀环境中的自然资源公司，有机会在中国经济增长中获利。

截至 2011 年 4 月 29 日，保尔森基金持有嘉汉林业流通股约 14%，成为公司最大股东。这个信息披露后，无形中又抬高了嘉汉林业的名气。

不过，布洛克却不看好这家声名显赫的林业上市公司。他认为，除了业务交易结构非常复杂外，看不出嘉汉林业有什么特别出彩之处。

在布洛克看来，嘉汉林业的商业模式，就是通过代理人买林地种植，然后转卖给所谓的中间商，砍树和运输这些活儿也交给中间商，中间商把树卖了再把钱给代理人，代理人拿到钱后继续去买林地。

这一商业流程的关键是中间商。但这些中间商究竟是什么人，嘉汉林业却以商业机密为由始终不愿意披露。

"如果让我们相信嘉汉林业能通过这种方式获得巨额资金，那相当于让我们相信这世界上存在能从木头中发现稀有金属的力量。可是，嘉汉林业就是通过这种模式筹集到了上亿美元。"了解嘉汉林业的商业模式后，布洛克这样感慨。

根据财报，截至 2011 年 4 月，嘉汉林业已累计融资 27.8 亿美元，其中发行股票及权证融资 11.2 亿美元，债券及借款净融资 16.5 亿美元。

对嘉汉林业产生怀疑后，卡森·布洛克组建了一个覆盖会计、法律、财务和制造业等专业背景的 10 人团队，彻查这家明星公司。

这个团队花了两个月，审查了 1 万多页各类文件，聘请专业调查机构前往云南、广西、福建、江西实地调查，还聘请 4 家律师事务所作为顾问帮他们进行分析。

调查结果显示，嘉汉林业竟然是一个不劳而获的公司：

嘉汉林业不需要花费资金购置原木；嘉汉林业不需要直接与供应商签订协议购置原木；嘉汉林业不会记账并储存、管理原木存货；嘉汉林业不会花费资金将原木加工为木板；嘉汉林业不会直接签约让第三方将原木处理为木板；嘉汉林业不会直接营销木板；嘉汉林业不会直接与经销商签约让其销售木板；嘉汉林业不会直接从购买木板的终端客户处收到资金……

上述这些事，嘉汉林业都是通过所谓的"独立不相关外部中介"完成的。问题是这些中介究竟是谁？对不起，嘉汉林业说这是商业机密，无可奉告。

令人惊讶的是，就这样一家什么都不用做的公司，利润却年年以两位数的速度增长，毛利率更是高达 30% 以上。这样躺赚的生意，真的是天上掉馅饼。

2011 年 6 月 7 日，浑水发表了关于嘉汉林业的十分翔实的做空报告。报告发布当天，嘉汉林业股价暴跌 64%。

从看到浑水报告的那一刻开始，保尔森就意识到自己错了。

之后的十多天里，保尔森清空了手里持有的嘉汉林业的全部股票。愿赌服输！这位基金大鳄不愧是空神，杀伐决断，认栽出局，虽然损失超过 5 亿美元，但出局的姿势很帅。

报告发布后，保尔森基金第一时间快速清仓，足以说明浑水这份报告说服力之强。嘉汉林业的下场比东方纸业更惨，最终狼狈退市。

作为审计机构，四大会计师事务所之一的安永也因此被指控而付出了近 1 亿美元的和解金，这也是加拿大历史上最大的一笔与审计师相关案件的和解金。

不过，嘉汉林业创始人陈德源的调查诉讼，直到 2018 年 3 月才由加拿大一家法院做出判决。在长达 174 页的判决书中，安大略省高等法院法官迈克尔·潘尼裁定陈德源犯有欺诈、违反信托责任和过失罪，判决他向原告支付 26.3 亿美元赔偿金，并支付 500 万美元惩罚性损害赔偿。

判决书称，陈德源"滥用其独特地位"来"策划一个极其庞大而复杂的骗局，导致嘉汉林业损失数十亿美元"。

4．动用无人机狙击辉山乳业

嘉汉林业事件，让浑水公司在华尔街大出风头。

2011 年，布洛克登上了《彭博市场》杂志评选的 50 大市场最具影响力人物榜，成为市场公认的空头新秀。从那时起，浑水公司的做空报告就成为股票市场的大杀器。

有人将浑水惯用的做空手法归纳为"三板斧"：（1）通过调查问题公司，发现财务、用户市场数据造假行为；（2）调查关联方，调研客户，揭露高管的不当行为；（3）现场调查，对比竞争对手，暴露当事企业运行不合规。

说起来容易做起来难。

浑水每一份做空报告背后，都是连续数月不遗余力的调查。与之前的做空机构相比，无论是在成本投入还是业务能力上，浑水都做到了足够专业，更舍得花钱。尤其是在调查方法上，查阅资料、实地调研、咨询专家，浑水无所不用其极，一份几十页的报告通常要让浑水团队全力工作大半年时间。

作为做空生涯的第一战，对东方纸业进行实地调研的经历对布洛克影响非常大。布洛克坚持认为，只有实地调研才能挖出最猛、最实、最有说服力的料，因此，他常常派人深入工厂调查取证。此外，布洛克也格外重视公开信息的挖掘。目标公司向美国证监会、中国工商或税务部门提交的材料，目标公司的客户和供应商公布的相关信息，浑水都不会放过。

"我们从不匆忙下结论，报告必须是确凿无疑的。浑水的秘诀就是多花时间做功课，并且加上合理的怀疑主义。"十分爱惜羽毛的布洛克这样解释浑水的严谨和耐力。因此，不少美国研究者也力挺浑水，浑水在股市逐渐形成了一呼百应的态势。

像布洛克这样的空头，做的是阻断部分问题上市公司骗钱聚财之路的生意，当然会引起当事公司的反扑。几场战役下来，布洛克与浑水公司确实名扬天下，但随之而来的风险也更大了。

布洛克经常收到匿名邮件，邮件中充斥着各种威胁的语句。为了安全，布洛克开始乔装打扮之后才能与人见面。

道高一尺，魔高一丈。

随着做空报告的不断披露，那些问题公司的造假技能与应对手段也在不断花样翻新，企图逃避做空机构的火力侦察。为此，浑水不仅没有止步，调研手段更是与时俱进。

必要时，浑水甚至在技术上动用了无人机和卫星。

"我们在 2014 年就注意到了辉山乳业的造假问题，但当时没有进行做空，因为在开展调查前，辉山的股价已经下跌了很多。今年，辉山出现了将奶牛出售再租回来的新闻，在我们看来非常可笑，但市场似乎仍认为其股票有价值，所以我们决定介入。"

2016 年年底，卡森·布洛克表示，他甚至怀疑辉山乳业在 IPO 的时候就进行了造假。

布洛克对辉山乳业的怀疑，最早源于其过于夸张的牛奶产量。

2014 年的财报里，辉山乳业平均每头奶牛的产奶量达到 9 吨，而中国乳业平均水平是 5.8 吨。

这些神奇的奶牛，引起布洛克强烈的好奇。

浑水公司派员前往探访辉山乳业多个牧场，他们一边拍摄现场照片，一边和员工就奶牛的生活环境和饮食习惯进行了讨论。调查人员发现，在辉山乳业那些老旧失修、破破烂烂的房间里，奶牛基本上不可能每年产出9吨牛奶。

出动无人机和卫星拍摄照片，可能就发生在这一调查过程中。在后来的报告中，浑水附上了相关照片，声称："正如2015年9月的卫星图像显示，牧场建设已接近完成，我们发现这种长时间的延迟令人惊讶。"

辉山的奶牛饲料中有一个重要成分——紫花苜蓿。这种草富含蛋白质和维生素，能够提高牛奶产量和蛋白质含量，对生奶价格影响巨大。辉山一直宣称，他们的紫花苜蓿能够自给自足，因而生产成本足够低。但调研人员发现，辉山乳业在这个问题上撒谎了。

有9个辉山乳业的农场员工承认，他们从海外和当地第三方购买了紫花苜蓿。一些紫花苜蓿经销商也承认，自己在为辉山供货。

在一家观光农场，调研人员发现农场标语上直接写着紫花苜蓿来自美国。根据浑水计算，来自美国的紫花苜蓿供应量相当于辉山乳业2014财年紫花苜蓿产量的一半。

经过多方位的实地调研后，2016年12月16日，浑水公司发布关于辉山乳业的调研报告。这份报告证据翔实，得出的结论也很惊人："我们认为这家公司的价值接近于零。"

令人意外的是，这份爆点十足的报告发布后，并未立即对辉山乳业股价造成太大冲击。

当日深夜，辉山乳业发布公告称，此前浑水做空报告中的指控毫无依据、存在明显事实错误。公司大股东杨凯夫妇花费数千万港元，对公司股份进行了紧急增持。

在布洛克看来，辉山乳业的流通股本就不多，股东增持暂时维持了股价，但这并不能改变浑水的调研结论，关键在于股东资金链什么时候会断。

做空报告翔实，但市场不为所动，布洛克觉得还需要继续增加火力。美国当地时间 12 月 19 日下午，浑水又发布了调研报告的第二部分，称辉山收入造假。这份报告以中国国家税务总局增值税数据为证，显示辉山乳业存在大量欺诈性收入。同时，布洛克接受界面新闻专访称："我看到了辉山的回复，他们在撒谎。"

浑水报告发布后，贷款给辉山乳业的多家银行，纷纷前往实地调查，他们发现，辉山乳业那里现金没有多少，造假单据倒是有一堆。

2017 年 3 月 24 日，有消息说，辉山乳业大股东挪用 30 亿港元账上资金投资房地产，资金无法回收。这一消息成为压垮辉山乳业股价的最后一根稻草。

当天，辉山乳业股价暴跌，开盘时 322 亿元港元的市值急速下滑，当日收盘仅剩 56.6 亿港元。这样的暴跌，足以让很多人家破人亡。

"最惨烈的'断头铡'出现了！100 万港元进去，不到 24 小时变成15 万港元。"有媒体惊呼，"股市是这样一个地方：行情来的时候，它可以带你飞；暴跌来时，它可以随时把你打入地狱！"

面对暴跌，辉山乳业盘中紧急停牌。

停牌两年后，这家曾经的乳业巨头在 2019 年 12 月 23 日黯然退市。

5. 借刀杀"死"瑞幸咖啡

辉山乳业事件在中国引起的反响，远远超出市场预期。

中国香港股市与沪深两市几乎同步开盘，辉山乳业盘中暴跌的惨状，就活生生地在股民眼前发生。财富瞬间蒸发的触目惊心之感，让市场各方印象非常深刻，冲击力远远超过在加拿大多伦多上市的嘉汉林业。

成功狙击辉山乳业后，布洛克作为中概股杀手而声名远扬。自浑水做空以来，真正能从其手下死里逃生的中概股，目前只有新东方一家。

2012 年 7 月 18 日，浑水发布对新东方的做空报告，指责新东方财务数据、教学区、学生人数等造假。两个交易日内，新东方股价从 20.87 美元跌至 8.82 美元，累计跌幅高达 57%，市值蒸发近 19 亿美元。

为了拯救新东方股价，创始人俞敏洪真的是使出了"洪荒之力"，邀请一帮好友，包括马云、柳传志、郭广昌等人，一起吃午饭。在这个饭局上，俞敏洪跟他们讲了新东方此时面临的情况。

后来，俞敏洪在《我曾走在崩溃的边缘》一书中这样描述当时的情景：

众人听后说："老俞，你就说清楚就行了，浑水公司对你的指责到底是不是真的，我们充分相信你。如果是真的，你就告诉我们实情，我们帮你一起想办法解决；如果不是真的，也就是你百分之百是诚恳的，那么我们就来买新东方的股票，帮你把股价拉回来。"俞敏洪就说了一句话："新东方从来没有做过假账，这是我的底线。"他们听完以后就说："不用再讲了，喝酒吧。"

俞敏洪真诚，朋友们也两肋插刀，当晚便纷纷买进新东方股票，总额将近 3 亿美元。

这波买盘的进场，将新东方股票价格稳定下来，避免了彻底崩盘的命运。

"为了自证清白，新东方从美国聘请独立调查团。调查员前往新东方总部，拆走了高管的电脑硬盘，将其中文件全部拷出来；邮箱里的电子邮件也全部打印出来，哪怕是已删除的邮件，也要用特殊的手段恢复。"有媒体这样描述当时的调查情形。

一年半后，调查团将报告提交给美国证券交易委员会，这件事才终于告一段落。其间，新东方累计花费 1500 万美元。

折戟新东方，这是开始做空业务后，浑水少有的失手。其余被做空的上市公司，要么股价就此一蹶不振，比如东方纸业；要么主动私有化退市，比如分众传媒；最惨的就是被迫退市，管理层甚至有牢狱之灾，比如嘉汉林业。

辉山乳业血淋淋的遭遇，确实吓坏了不少希望在海外市场浑水摸鱼的公司。但林子大了什么鸟都有，还是有一些利欲熏心者心存侥幸，"不见棺材不落泪"。

时隔三年之后，辉山乳业的悲剧开始在另一家中概股身上重演。这家中概股就是市场明星瑞幸咖啡。

这两年，在创始人陆正耀大把烧钱的推动下，瑞幸咖啡红透了半边天。用业内人士的话来说，"瑞幸崛起的速度完美得惊人"。

从成立到发布 IPO，只花了一年半；一年三次融资，金额达 5.5 亿美元；成立仅 14 个月，就已在全国开店超过 2000 家，而星巴克苦心经营20 年，至今 3521 家门店……有调查数据显示，瑞幸咖啡门店总数在出事前已达到 6912 家。

这样一骑绝尘的商业运作，不能不让人质疑，如此靠补贴吸引人气、靠金钱催熟的品牌，真的能基业长青吗？

据说，市场嗅觉灵敏的布洛克，很早就从瑞幸咖啡的飞速增长中嗅到了谎言的气味。不过，与以往赤膊上阵不同，这一次，布洛克选择了联合作战，出面调研的是另一家机构。有人猜测，可能是这两年名气太大，布洛克担心由浑水出头调研，恐怕会惊动瑞幸咖啡。

据悉，此次背后隐藏的做空势力主要为雪湖资本，华尔街多家对冲基金都参与了。

算起来，瑞幸咖啡是陆正耀的第三次创业。这个猛人可不是什么没见过世面的小镇青年，而是见过大场面的老江湖。事发时，其麾下已拥有三家挂牌企业：中国内地新三板挂牌的神州优车，中国香港股市的神州租车，纳斯达克上市的瑞幸咖啡。

有消息称，为了这份89页的报告，那家匿名机构组织了92名全职和1418名兼职调查员，在全国45个城市2213家瑞幸门店，收集了25843张小票、大量内部微信聊天记录，以及关联人与企业的工商信息，并录制了11260个小时的门店录像。

这份做空报告由浑水公司对外发布，报告直指瑞幸咖啡涉嫌财务造假，门店销量、商品售价、广告费用、其他产品的净收入都被夸大，2019年第三季度瑞幸的门店营业利润被夸大3.97亿元。

看完这份报告，很多人立即断定瑞幸咖啡在劫难逃，因为报告的证据太"实锤"了，调查的深度与广度超乎想象，不需要什么专业的财经知识就知道说的是真的。有人甚至戏言，估计陆正耀自己都没有这么清楚自家店里发生的这些事情。

陆正耀团队当然不会任人宰割。做空报告出台后，瑞幸咖啡曾数度与浑水博弈，申辩自己没有造假。但负责审计的会计师事务所不干了，坚决不同意在年度财报上签字。

嘴硬了两个月之后，美国当地时间2020年4月2日，美股开盘前，瑞幸咖啡终于"自曝"业绩造假22亿元人民币，所有的遮羞布都被一并扯掉。

北京时间4月3日，瑞幸咖啡迎来成立至今最痛苦也最快乐的一天。地球另一端，瑞幸股票大跌75%，熔断6次；地球这端，各地门店单量暴增，小程序和客户端一度瘫痪。担心手中优惠券无法兑换的顾客们疯狂下单，毕竟有前车之鉴，很多人ofo的押金到现在还没有退回来。

自媒体"未来商业观察"这样描述不久前刚刚发生的一幕。

"造假门"刚爆发时，陆正耀还装着不在意，事发当天在朋友圈发言，元气满满，鼓励小伙伴们继续加油。但随着事件不断发酵，这位老江湖终于装不下去了。在纳斯达克强制要求瑞幸咖啡摘牌后，他曾一纸声明回应外界质疑："道歉、失望、痛苦、自责、夜不能寐。"

这时候，道歉已经没有用，造假的风暴正刮向陆正耀自己身上。

据《华尔街日报》报道，早在 IPO 之前，瑞幸咖啡就已存在造假行为。报道称，瑞幸向与公司董事长兼控股股东陆正耀关联的公司出售了可兑换数千万杯咖啡的代金券。这一操作使得瑞幸咖啡的账面营业收入大大高于其实际收入。

眼见他起高楼，眼见他宴宾客，眼见他楼塌了。

这次被摘牌，瑞幸因最快速度 IPO 和最快速度摘牌，成为中概股前无古人的双料"传奇"。这一切，自然与浑水公司密切相关。浑水做空瑞幸咖啡背后有着怎样的逻辑？对此，在接受《每日经济新闻》（NBD）独家专访时，布洛克曾有清晰的表述：

NBD：你们当时为什么会决定发表这份关于瑞幸的匿名报告？哪些因素让你们觉得这份报告是真实可信的？

卡森·布洛克：我们和匿名报告的作者取得沟通，他带我们参观了一个他存放调查信息的数据室。通过对数据的复审，我们相信他在研究中付出了大量的努力，他的研究非常详细，因此我们认为他的结论是可信的。

NBD：事实上，在 1 月 31 日做空报告发布之后，初期瑞幸股价并没有大跌，你们怎么看？是否还对自己的报告有信心？

卡森·布洛克：研究报告得出"瑞幸是一个重大骗局"的结论，但投资者是否相信这份报告则取决于投资者本身。我们认为，瑞幸多数大股东基本上相信这份报告的真实性，但他们当时认为这无关紧要。

NBD：据浑水官网介绍，浑水发布商业欺诈、会计欺诈和基本问题三种研究报告，但我们仍然好奇浑水具体是如何选择做空目标的？

卡森·布洛克：我们最喜欢的做空标的具有"3L"特征：大的、流通性好的、存在欺诈的（Large、Liquid and Lying）。

NBD：浑水事先怎么判断一家公司是否存在问题？会采取哪些方式展开具体调查？

卡森·布洛克：我们的做空流程可以参见《巴伦周刊》和《机构投资者》的报道。具体包括大量的实地调查、访谈、现场参观和对财务报表的深入分析。

与辉山乳业地处山海关外的偏僻牧场不同，瑞幸咖啡就分布在国内一二线城市，每天就在小区电梯里的显示屏上向大众问好，不少年轻人甚至已养成每天去瑞幸喝一杯廉价咖啡的习惯。

这样一家明星公司，突然有一天被指控造假，公司的股价因此雪崩，整个公司甚至可能就此消失在人们的视线里，想起来就让人不寒而栗。

尽管投资一直被认为无关道德，但布洛克主张，如果一家公司的商业模式中无法剔除有害因素，那么投资者就有义务在了解之后卖出，卖方分析师也有义务调低评级或者取消关注。在《巴伦周刊》的专访中，布洛克说道：

这一行动实际上是关于个人的，而不是机构。因此，一旦市场受到关注，一个积极做空者应该尝试与控制头寸的买方人士接触，并联系卖方分析师，直接向他们求助。如果我离开时，感觉电话另一端的那个人基本上是在否认显而易见的事实，而那个人随后也并没有抛售或降低股票的评级，那么我认为我应该公开提到那个人的名字。我应该说，我和琼·史密斯谈过，给她看了我的证据，她还是没有卖掉股票，这是个问题。她让这些家伙继续得到丰厚的报酬，同时他们继续做我指控他们做的坏事。我指名道姓的目的是让他们承担一些责任。

附录1　卡森·布洛克的做空策略

（1）盯住问题中概股

作为半路出家的投机家，对比其他空头大佬，卡森·布洛克没有什么优势。而长期在中国工作，几乎成为他唯一的优势。因此，他从一开始就盯上了赴境外上市的中概股，通过调查中概股中的问题公司，发现财务、用户市场数据造假行为。

之所以能发现问题股，除了线人举报，布洛克格外重视公开信息的挖掘。目标公司向美国证监会、中国工商或税务部门提交的材料，目标公司的客户和供应商公布的相关信息，浑水都不会放过。

“苍蝇不叮无缝的蛋。”由于中美监管机构监管尺度的不同，少数中概股在财务处理上不够严谨，个别上市公司甚至公然造假。这些造假公司，很不幸撞上了布洛克这个猎人，而这个猎人还是个中国通，它们也就只能自认倒霉了。自从2010年做空东方纸业以来，已有包括嘉汉林业、辉山乳业、瑞幸咖啡等十几家中概股遭其猎杀。

（2）坚持实地调查

作为做空生涯的第一战，在东方纸业进行实地调研的经历对布洛克影响非常大。布洛克坚持认为，只有实地调研才能挖出最猛、最实、最有说服力的料，因此，他常常派人深入工厂，现场调查取证。他们还调查关联方，调研客户，对比竞争对手，揭露高管的不当行为，暴露当事企业运行不合规。

浑水每一份做空报告背后，都是连续数月不遗余力的调查。与之前的做空机构相比，无论是在成本投入还是业务能力上，浑水都做到了足够专业，更舍得花钱。尤其是在调查方法上，查阅资料、实地调研、咨询专家，浑水无所不用其极，一份几十页的报告通常要让浑水团队全力工作大半年时间。

"我们从不匆忙下结论，报告必须是确凿无疑的。浑水的秘诀就是多花时间做功课，并且加上合理的怀疑主义。"十分爱惜羽毛的布洛克这样解释浑水的严谨和耐力。

（3）调研手段与时俱进

道高一尺，魔高一丈。

随着做空报告的不断披露，那些问题公司的造假技能与应对手段也在不断花样翻新，企图逃避做空机构的火力侦察。为此，浑水不仅没有止步，调研手段更是与时俱进。

据说，必要时，浑水会邀请行业专家分析目标公司。在2016年那份做空中概股中国香港上市公司辉山乳业的报告中，在一些关键数据与图表的获得上，除了派人实地走访各地牧场，与牧场员工座谈外，浑水甚至动用了无人机和卫星，在高空远距离拍摄牧场实况。

（4）联合做空

随着名气的扩大，不少美国研究者也开始力挺浑水，部分做空机构更是跟随其做空，浑水在股市逐渐形成了一呼百应的态势。

比如，做空瑞幸咖啡时，第一手的调查报告并不是浑水所做，而是总部在中国香港的雪湖资本所为，由浑水公司对外发布。此外，在做空瑞幸咖啡股价时，参与的不仅有雪湖资本、浑水资本，还有华尔街著名空头詹姆斯·查诺斯的尼克斯联合基金公司。

事实上，近年来，做空机构似乎达成了默契，只要一家机构盯上一只猎物，其他机构也一拥而上。这在做空中概股跟谁学身上表现得特别明显。从2月25日被灰熊研究做空开始，跟谁学这家在美上市的在线教育企业半年时间内被浑水、灰熊、香橼、天蝎创投4家公司轮番做空了12次。这是中国公司赴美上市以来从没有过的事情。

附录 2 卡森·布洛克的人生轨迹

1977 年 4 月 27 日，卡森·布洛克生于美国，在新泽西州一个小镇长大，母亲是一名地产中介，父亲则经营一家小型证券研究公司，研究报告帮助上市公司专业看多，并向基金经理推介。

1990 年，13 岁的布洛克跟随父亲到华尔街参加上市公司会议。

1992 年，15 岁的时候，布洛克参与了某交换生的项目，到日本度过了暑假。

1998 年，从南加利福尼亚大学商业管理专业本科毕业，之后在加拿大帝国商业银行的投资银行子公司工作了几个月。

2002 年，继续进修，在芝加哥肯特法学院拿到法律学位。

2005 年，布洛克加入了众达国际法律事务所的上海办公室。

2006 年，布洛克离开众达国际法律事务所，创建了新加坡 YBS 投资咨询公司。这是一家帮助新加坡投资者投资中国市场的公司。

2008 年，布洛克创办了一家为上海白领储藏杂物的私人仓库。

2010 年 1 月，布洛克接受父亲委托，实地调查一家名叫"东方纸业"的公司。2010 年 6 月 28 日，发布做空东方纸业的报告。

2010 年 11 月 10 日，布洛克宣布做空绿诺国际公司。之后仅 23 天，绿诺国际公司就被纳斯达克摘牌。

2011 年 2 月 3 日，布洛克宣布做空中概股高速频道控股。

2011 年 4 月 4 日，做空多元环球水务有限公司。4 月 21 日，多元环球水务被纽约股票交易所停盘。

2011 年 6 月 7 日，做空嘉汉林业公司，当天股价狂泻 64%，让华尔街大佬约翰·保尔森一天之内损失 5 亿美元，布洛克在华尔街名声大噪。

2011 年 6 月 28 日，做空展讯通信有限公司，当天展讯的股价从

13.68 美元跌至 8.59 美元，随后展讯进行了强有力的回击，2011 年 11 月展讯的股价上升至 28 美元。

2011 年 11 月 21 日，做空分众传媒控股有限公司，其股价大跌 40%。

2012 年 7 月 18 日，做空新东方，两日新东方股价暴跌 57%。

2016 年 1 月 25 日，布洛克的基金正式注册，以前是"浑水研究"，而今则有了"浑水资本"。

2016 年 12 月 16 日，做空辉山乳业，三个月后，辉山乳业股价暴跌 85%，创下港股市场单日跌幅的最高纪录。

2017 年 6 月 15 日，发布做空敏华控股的报告。

2019 年 7 月 7 日，做空安踏，安踏股价当日跌了 8%，之后无大的影响。

2020 年 2 月 1 日凌晨，浑水发布做空瑞幸报告。4 月 2 日，瑞幸公开"自曝"财务造假，当天股价暴跌 75%，后被迫退市。

2020 年 4 月，做空美股中概股跟谁学。